光音作證

良香港誌記

余家強 訪問、整理

目錄

編者序

本書結構獨特，主體是資深傳媒人余家強，訪問曾涉足多種媒介的創作人潘源良，寫成十八篇文章；每篇再附一篇「潘記」，是潘源良親筆補充的延伸看法與記憶，就如四手聯彈、兩人盤球互傳，成就這本《為光音作證 ——潘源良香港誌記》。

話說「浪子詞人」潘源良，進過電台、拍過電影電視，是 CASH 的賣力成員之一，在電視台講波多年，遷居台灣之後念念不忘香港和香港的年輕人，想要把自己的創作經驗整理出來，作為後人的參考資源。恰又有相識多年的資深傳媒人余家強，擅寫人物訪問，又熟知流行文化及其製作內情，二人一拍即合，數月以來作多度 Zoom 對談，既談潘的個人故事，亦披露點評香港流行文化的精髓

與內幕。在香港人益發重視自己的文化與歷史之今天，願更多人能看到此書。在編者角度看來，潘源良素來特立獨行，他的個人歷史部分述說得細膩動人，相當具文學情味。而潘終其一身沒有打過一份長工，孤身仗劍行走江湖，他的創作觀念、實戰技術、經驗之談，都是彌足珍貴，讓我們看到娛樂工業背後的運作邏輯與精華所在。而潘的創作及參與，余的眼光與分析，也是香港流行文化史的碎鑽瑰寶 —— 他們二人所述所涉，由香港流行文化極盛而至解構重組的今日，東指一劍西晃一招，都可以成為日後香港文化史的重要一筆。是以本書，也可以視為香港流行文化的口述歷史，從個人、民間、由下而上的角度，記載官方未必載入史冊的真實。書名「為光音作證」，係「光陰」諧音，則既有記錄光陰，也有紀念光明的音樂、光明的聲音之意。作為香港人，潘余二位是想為未來留下正面的創造性力量。副題的「香港誌記」，明明白白是潘氏心之所在。有見及此，香港文學館遂自資出版本書，為記錄香港文化作一點貢獻。書中大量頓號之使用，編者視之為作者獨有語感而全部予以保留。書中圖片說明由潘源良及余家強分別撰寫。

詩人、樂評人廖偉棠的賜序，則正面點出了本書背後濃厚的情感連繫，讓我們從另一角度看到了廣大的香港人群體。潘源良、余家強兩位相識滿天下，兩人攜手出書，若非台海之隔，必定是個觥籌交錯熱絡無比的場合。而現在，且讓我們透過書與記憶來連結，再等待光明相聚的一天。

那裡缺少的
在那裡補上

飄零台灣，在物理距離上，離我最近的一位香港友人，竟然是潘源良。開車只有十五分鐘路程，使得我們常常能約在街頭，交換一本香港來的新書或者端午的粽子，偶爾，也交換鄉愁 ——

但叫得做「詞壇浪子」，自然是不能有鄉愁的。這個才是潘源良真正的街頭，我也曾在詩江湖中一度飾演 —— 和他比，就跟詩與詞比風情一樣，點比得上。不過流落異鄉，我們都需要尋找新的能量去面對分崩離析的舊世界。

有一天，那個不能回港過年的年初四，我們幾個在台香港人相約在潘源良新居敘舊。漸黃昏清角吹寒時分，我們走出新街溪畔散步，當我回頭給這一群

人拍照，突然想起《黃金時代》的一張劇照：那一幫「東北流亡文學」作家，不也是這樣嘻嘻哈哈、又各懷心事地走在初雪的街頭的嗎？

於是我寫了一首〈新黃金時代〉，把蕭紅、駱賓基等人的命運和我們的命運做了一番比較。「有辣有唔辣啦」，我想像潘源良看到這首詩也許有這個反應。這首詩裡面沒有出現潘源良，因為他是最難以定義、比擬的一位。「天下間同名同姓的人有許多，但潘源良只有他一個。」正如本書第　句打動我的這句所述。

香港只有一個，黃金時代也只有一個嗎？我相信這是最困擾我們這些「準流亡人士」的問題。古人為「盛世」設下的條件：「天下朋友皆膠漆」（杜甫），倒是我們今天唯一堅守的信念。

當年不知詞中別有寄託，今天重看我們已經是詞中之人。我們貌似身處一個比蕭紅離開的大陸、我們離開的香港更自由的地方，我們自然要承擔自由的真空狀態和尋找自由的土壤能如何生長，然後再顧盼來處看如何呼應。在書中我欣見潘源良不少未公開的新作，包括一首回應幾十年前西西《我城》的二創新詞（調寄〈將軍令〉），裡面有這樣的句子：「棲身於那方／一出手要幫／為我城復光」——

這何嘗不是去年他為達明一派創作的〈今天世上所有地方〉裡最啟迪人心的一句的呼應 ——「那裡缺少的在那裡補上！」這首新歌，完美地填補了〈今天應該很高興〉在三十多年後給予我們加倍的失落，讓走的、留的都獲得勇氣，在 2020 年極度嚴寒的香港聖誕點燃了一支溫暖的火炬，這是另一種形式的「天下朋友皆膠漆」，膠漆，本來就有修補的作用。

歌詞的氣魄令人動容，一如歌名之氣勢，演示了一個香港人用筆、用歌聲奪回失地的能耐。我想潘源良和在伊館唱出這歌的黃耀明，首先想到的是那些流亡的手足，然後便想到飄零的我們、以及在家在內心流亡的同胞。

「聽說你今天到達一個地方
戰勝了哀傷卻在繼續靜養
你說你擁有是無限量荒涼
照片都不想讓我看一看」

好一句「照片都不想讓我看一看」，如果從留下來的人角度理解，那個遠走的人分明是「嶺外音書斷，經冬復歷春。」但如果從遠走的人角度想，那何嘗不是「君問歸期未有期，巴山夜雨漲秋池」的無奈，這夜雨心緒，如何能舉示故人？這倒成了我和潘源良心有戚戚之點。這時回想〈今天應該很高

興〉的歌詞，最令我感觸的反而是「我默默地又再寫，彷彿相見」——見字如晤，就是這個意思，為了真正的相見，我們還會寫下來、唱下去。

「坐進冰室喝了一杯紅豆冰／沒意會冰室將串演出我的將來」在書中用母親口吻講述的傳記詩〈二雯〉裡，潘源良這句話也一樣會讓每一個香港人心有戚戚焉。不是別的時代，就是這個時代讓我們走上、撞上。香港曾經這樣用放任的方式由得我們各自尋找對自由的闡釋，然後她如一間樸素的冰室敞開接納。今天我們去到世上所有地方繼續自由的追尋、詰問，兄弟爬山各自努力，潘源良的方式，除了歌詞，就是這樣一本如他的歌詞一樣坦蕩自剖的回憶錄 —— 實際上剖析他自己也就是剖析他那一代的香港，我們且來看看我們又能受饋甚麼、補上甚麼。

關於創作，作為興趣也好、作為工作也好，我有過很根本不同的態度與做法。
最初不能說自己不天真。

因為在記憶之初，已經對所接觸到的文字、影像、音樂有感，我是一直沉醉在
「要成為他們其中之一」地長大的。這種想法或許誕生得太早，那時連名利心都
未有，只是很粗疏的一種「我又要玩！」的決志。一切彷彿十分自然，就像覺得
鳥兒就應該會飛。於是在小時候，任何能令我產生興趣的東西，都會有玩玩的
嘗試；而且一直覺得這樣就好。所以，小時遇到關乎創作的一切，都會趨之若鶩。

之後，各種的條件和限制就出來了，而長大的過程原來就是不斷在選擇中取捨：
繼續嘗試、還是到此為止？……曾經以為，「影音傳播」這四個字，是一張最
大公約數的通行證。不想放棄的志趣，包括電影、攝影、戲劇、美術、音樂、
故事、詩詞、製作、調配，乃至廣播甚或球賽旁述，無一不包。可是，貪心的
結果當然會令人疲於奔命。

等到人到中年，讀過看過做過感受過的都經過消化，雖然慶幸還可以循著趣味繼續追尋，卻但覺在人類文明的巨大版圖中，自己實太渺小。「人哋又冇問你」，我創作表達的一切，其實只是自己個人向虛空的孤獨吶喊麼？這又何必多言？

初遇余家強，正好在此人生階段。一如既往的受訪，我知道我提供的答案，對方難免覺得困惑，因為我其實也是一直在問、而不是答⋯⋯難得家強沒有覺得我不合作，反而像朋友般閒聊，去完成他的任務。之後我才知道，這是他常有的態度，結果能夠經過採訪、跟某些受訪者成為了很要好的朋友⋯⋯

之後的若干年，和家強間中有緣碰面。然後香港的種種，又把我對創作與表達的看法徹底重組。

那次我身處岸邊，天空有鳥群飛過。牠們有領頭的、也有些瞬間又從前方轉到兩旁；然後有些本來幼小落後的、又拍翅向前。每隻鳥都只是做著自己要飛的本分，但又相互聯繫配合地整體在天邊滑動，展現出種種形態，讓人目不暇給。我看到了！這不就是我們珍惜的文化狀態麼？既自由自主、又互相砥礪，孤單而結伴，誰摸索到方向、藉心聲足可分享，然後接力驅動傳承下

去。而這種傳達的「有用無用」，只有將來知道。於是，我又彷彿重拾表達與創作的初心⋯⋯

此前我為一位歌手填的一首歌詞，可概括表達當時的感覺，最終可能不夠商業化，沒獲錄用；不過正好就借來在此記下這一筆吧。

〈 我是一棵樹 〉

明或暗　夜與早　晴和雨
任世間斗轉星移　讓我靠倚天地作主
誰讓我　在這方　萌芽到今天般堅壯
能為你遮蔭　涼快一趟
花開花散我不須緬懷過去
果子長到一天總會飄墜　不必追
嚴寒酷暑沒不對
瑞雪裡　會換來春雷
身軀枝節也許給鳥兒啄碎
花粉偏靠他撥翼而吹　傳開風裡
就算腐朽或缺水

野草荒木　也可返回　這方沃土裡

從暴雨　我吸收　霧與水

讓我的花果枝葉　換作更新鮮和愛惜

紅日裡　合了光　還回世間必須的氧

無窮的青蔥　投放滋養

趁著這風把歌徐徐再唱一遍

平日我沒出聲求誰看我出現

任世間喧叫討喜愛爭艷

美麗的　不作聲

心靈平靜才會醒

明或暗　夜與早　晴和雨

在這世間萍水相遇

共尋綠蔭中　心深處

紅日裡　夜雨中　誰人會知一點心意

誰人會把種子培養關注

這一棵樹

也許不言　卻非不語

2021 年 8 月 30 日　星期一

曝光的作品

0.

六十倒敘

Rita 把二人的童年照片合成起來，彷彿
很早便已相識。

潘源良生於 1958 年。據說是不折不扣的天蠍座，2018 年再婚，2020 年移居台灣，六十之齡展開第二人生。

他說：「察覺到時代背景起變化，我就自編自導自演地去改變自己生活模式。最實際，因為說到工作，一切也非必然。」他自 1999 年擔任足球評述員。「對有線電視，我曾想過付托終身，合作愉快。之前甚麼大賽都播，但是到 2014 年，我開始提醒同事，不再一定有，某段時期連意大利聯賽都沒影了。轉播費炒貴，盈利打不響算盤，電視台就未必這邊不做那邊做了。僧多粥少吧！至於我這個老鬼、倒寧願留給年輕評述員有得講啦。我預計自己不會續約了。

「剛巧 2016 年，接到執導電影《聖荷西謀殺案》的工作，去加拿大睇景，拍攝需時，我想過停薪留職，最後還是提早告別有線。」

同年重遇 Rita（現在的太太），覺得路應該這樣走……六十歲還結婚？「不想再錯過值得感受的事情。太太也是創作人，和我很同步。」

「2017《聖荷西謀殺案》拍完，只是上映得遲，2018 年 9 月正式結婚，然後開始籌備我的《有辣有唔辣》二次唱作 show，2019 年初演出，四場爆滿三場，想再搞，社會氣氛已不對勁，知道愈來愈難做。一早我動過念頭：如果香港搞不到可以往哪裡？文化和地緣，台灣最相近。於是我就申請了台灣的就業金卡（供外國及港澳專才就業居留）。」出乎意料，浪子如潘源良竟然這麼有計劃。他說：「其實我一向有計劃。我不埋堆，又不會投資或投機，幾十年來斜槓自由身而又繼續做得到下去，便靠有計劃。」

潘源良與朋友在台灣桃園合資置業，七層小屋，每層實用面積 400 呎，設升降機，可泊三輛車，兩家人各住一層以外，其餘共用空間可做多媒體工作坊，甚至預留地方給年輕創作人住宿、結交來台港青、jam 歌開會、吃大鑊飯、秉燭夜話。「希望文化碰撞，探索新的可能性，尋找機會。」

香港加拿大台灣到處跑，Rita 戲稱「潘太歷險記」。

畢業於中文大學新亞書院的他會想：當年錢穆、唐君毅等教授，傳承志業，豈非也遠赴他鄉辦學校？「我並非敢自比大師，所搞的亦跟他們不同，純粹比喻方便說明。我不是要創甚麼大業，甚至可能一事無成，但我人在這裡或者幫到下一代，可以怎用我，就讓年輕人一起思考和告訴我吧。」

潘源良坦承談營運言之尚早，目前未有固定工作，每天種花種草。「和你合作這本書，是我移居後首個正規 project。」他在第一次 Zoom meeting 時對筆者如此說。

八、九十年代 Cantopop 盛世，港產填詞作品稍稍改動成國語即紅遍的日子，他早來過台灣了，所以也不算太過人地生疏。「那時不用找機會嘛，可以到處去看。」潘源良笑道。

從今自視為寶島人？「永遠不會。我的所有源自香港，頂多兩邊走。選址桃園，正因為近機場，方便往返。」

世間事與願違，疫情咫尺天涯，台港雙城記，兩地流行文化永遠如鐘擺此消彼長，潘源良白髮蒼蒼隔海遙望，興許更看得透。一甲子，是時候細說從頭。

潘記 0　**關於浪子**

是的。他們說我是浪子。流行這個說法、是在 89 年我替王傑填寫〈誰明浪子心〉之後。但其實在我還小時，在背後也好、當面也好，我都已經聽過別人這樣說。

可能因為我只有兩個姐姐，習慣了大部分時間自己獨處。就算上學了，其實也不太懂得跟同齡的男生交往。而這樣的情況，在那些年代是沒有誰關心處理的。

父親因為家庭和工作的關係，大概兩個星期才回來一次晚飯，結果在我初生的記憶中，可以親近效法的男性形象長期缺席。雖然小學放學

後，我會跟同班的男孩偷偷去踢足球（因為名正言順說去踢球會被禁足），但要和大家稱兄道弟般無所不談，是難以想像的。

就這樣，上學的這些年，彷彿造就了我獨來獨往的行徑。意外撞傷後、幫忙外送後（見〈黑色童年〉篇），乃至升上中學後，這種當時不自覺的「拒人千里」氣場只有愈來愈定型。畢業前編輯印行的同學錄，我請了心儀的女同學寫下判語。她寫道：**天下間同名同姓的人有許多，但潘源良只有他一個。**

我跟這位女同學當年沒緣發展過。女孩子早熟的思想我望塵莫及。還未中學畢業，她已經另外修讀商科，計劃了自己的未來；對於浪子，大概也就止於評價。只是在大約四十年後，那次年末我到北海道滑雪，在札幌機場過海關的時候，看到她和丈夫及兩個女兒。相視一笑、時光快搜。她的幸福，果然就給她努力取得了……

我跟隨著人家姐考進中文大學，也模仿她用文字創作（但拍照時是運動會）。

1. 黑色童年

潘源良強調，他不喜歡懷舊，談成長經歷，只為希望給年青人借鏡，尤其反映文化變遷。筆者卻像聆聽著一段大歷史。

「我家庭構成頗複雜，但在當時又很普遍。」潘父在廣州本有頭家，已婚育有一子，經營舊車胎回收生意，發了達，兒子還曾經被標參。「無錢無人標啦。」潘源良說。

亂世寫照。1948 年，潘父帶兒子逃到香港，在旺角新填地街開了間冰室，廣州生意留交太太，待收拾妥當即來港團聚，沒料到不久封關，分隔兩地。「冰室叫生記，用我哥哥名字做招牌，可見爸爸多麼愛他。」可是，內地號

召知青建設，熱血哥哥歸去會合母親，任職教師，就不回來。剩下潘父有盤生意走不開。「那原是他一家共聚天倫的希望。捱了幾年孤家寡人日子，1954年認識了我媽媽，沒註冊，然後生了兩個女兒，一個兒子，就是我。

「只能夠說人各有志，等如現在人們選擇去留哪裡，控制不了。哥哥終於在內地文革時遭逼害跳井死⋯⋯」潘源良說：「像老套劇集情節，故事還未完，1962年，爸爸申請到元配來港。自此我一直背負『二房仔』身份。當然不便同住，那位太太長期病患，在冰室出入，我就連冰室都不能去。直至她送了去住院，我小學四年級開始，出舖頭幫忙送外賣。」

對，少東（香港俗稱「太子爺」）嘛。潘源良苦笑說：「少東是一個誤解。做冰室很辛苦，經歷過許多，爸爸沒甚麼野心，生記麵包西餅幾馳名，但他無意大搞，如父如子，我也像他，但求隨心隨意。以前送外賣工序繁複，沒紙杯，玻璃杯要事後回收，等於每張單都要行兩次。當年（1969）咖啡、西多士加通粉三件頭套餐才收一元，領到貼士我便儲起看電影，一張戲票四毫至七毫。有次爬六層梯送上唐樓頂，女人給我一毫子貼士，男人一手從我掌中搶回喝道：『太子爺呀，還要給貼士他？』我覺得很羞辱，我從不是太子爺，我是二房仔。落樓時，我覺得自己好像大了兩歲、更加認識這個世界的人情冷暖。

潘重訪中學母校與張婷老師合照。畢業後一別 27 年，2003 七一遊行時竟在路上遇到。

「可能因此，我日後的詞作永遠沒意氣風發，勵志，也有個限度。

「黑色童年，還有一件事。六、七歲時住閣樓板間房，共用浴廚廁，生活無遮無掩。包租公開字花檔，吃狗肉的。有次突然見到一隻黑狗從廚房衝出來，頭歪歪，半邊臉爛掉，滿身鮮血濕透，繞著我轉了兩圈，我嚇到呆。包租公捉住牠，狠狠再扑，拉回去倒熱開水燙削毛，斬成一截截。那畫面，我日後重組才弄清發生甚麼。」

當年旺角的流行文化，比如今更斑斕，信不信由你。

「我家在旺角中的旺角，女人街（通菜街）與山東街交界，鄰近現在星際城市 —— 那時是鑽石酒樓，爸爸媽媽經常去飲茶。旺角乜都有：茶樓、戲院、冰室、書店⋯⋯ 新舊文化衝擊，最初通菜街那邊真的有種菜，1972 年女人街和廟街劃為小販認可區就不見農田了，也愈發熱鬧了。

「旺角多二樓書店，以前更多，遍佈奶路臣街賣舊書，像東京神田。Longman 出版的英文書，把長篇小說如《雙城記》、《塊肉餘生錄》等縮寫改編，簡單容易讀，五毫子一本扮睇過鉅著都好吖。看到西方世界、眼界始大，超越父母所知，我想跳出現實的侷促。中文書必看《兒童樂園》，稍長

就《讀者文摘》，增廣見聞，後來我知道那叫美國軟實力侵略，卻不得不佩服當中的文字出神入化。時代氣氛樂觀，『科學昌明』是大眾口頭禪。

「旺角戲院包括域多利、百樂門，麗斯就專放二輪，我讀李求恩紀念中學（位於新蒲崗），所以麗宮也成了我的摯愛。播舊片很重要，新一代無得看，便出現斷層。或者並非無得看，是網上選擇太多，自然就不揀舊東西。以前新片不夠充撐，反而造就文化傳承。」

筆者同意。以筆者和潘源良年齡，趕不上《亂世佳人》(*Gone with the Wind*, 1939）和無數經典的推出年份，但因為曾經有二輪戲院曾經有電視每天粵語長片有明珠 930 不斷重溫，集體潛移默化。網上碎片化後，有心要找當然找到，卻已冷門得不足構築共同語言。

潘源良續道：「小時媽媽帶我去看戲曲片，曲詞琅琅上口，未識字都識跟住唱。我的中文根底、假如有的話、是由這樣浸出來的。

「最難忘《如來神掌怒碎萬劍門》（1965）的天殘腳，就在我家附近舖頭出廠。放學路過見到用鐵線紮成絲網再一層層黐上紙，奇怪是甚麼呢？後來在銀幕成為石堅絕招武器、踢到人人飛起。東方荷里活土炮特技，所以你話旺

角幾包羅萬有呢。另外,我也愛看謝賢和嘉玲,他們比較『摩登』。」

「粵語片的沒落,跟電視出現有關,畢竟水平相差不遠,自然免費贏。西片大製作,尚能夠存活成消費品,奇連伊士活和《教父》系列等,單看宣傳照也萬分期待。邵氏拍國語片針對東南亞市場。粵語片復興變港產片則是後話了。」

潘源良九歲的童年經歷兩件社會大事 —— 六七暴動和無綫啟播,兩者之間存在因果關係。

「暴動,事後回想,有點似現在流行說的二次回歸,令新的秩序呈現。暴動前,來自五湖四海的新移民乃至原居民對香港其實都沒多少歸屬感,借來的地方借來的時間。我家樓下就是大檔(賭檔),官府放任,當然因為貪污,而貪污,恰恰反映有利可圖。英國殖民地逐一喪失,1949 到 1967 十幾年,中共也是時候磨拳擦掌。各方勢力來個大洗牌,一較高下決定何去何從。過後才明白箇中意義。

「我素未謀面的哥哥死於政治迫害,雖然事隔幾年才收到消息,但這樣的家庭背景,自幼又讀教會學校,我先天對共產黨不過電。國貨公司門口播紅歌;

麥花臣球場引爆土製菠蘿（炸彈）；商台林彬天天罵左仔，終於被暴徒襲擊燒死。我家習慣聽商台，買部原子粒收音機好大件事，要開通宵試機，檢查清楚有壞包換，我們就開細細聲聽通宵。

「電台是賺大錢生意，李我一把口扮八把聲講故事、播播歌，廣告便滔滔不絕。直至電視出現。

「收費的麗的一早就有，屬於富裕階層玩意，覆蓋面不大。1967 年 11 月，影像透過大氣電波作無綫廣播，真正開啟了普及的電視時代。有沒有修補暴動傷痕的成份呢？我覺得肯定有，時機上脗合，收工各自返歸睇節目，第二天上班就談論節目內容，少談政治，少生事端，天下太平。」

差不多同期，1962 年，港英政府因應國際勞工公約每年至少六日有薪假期的規定，首次為法定假期立法，之後法定假期愈來愈多、逐步實施。在此之前，打工仔為口奔馳，想休息唯手停口停；此後有勞有逸，方出現真正意義的休閒享受生活。可以說，六十年代末、是大眾娛樂的黎明。大亂過後，塵埃落定，本土意識勝出，市民漸漸培養出對香港歸屬感。

潘源良續道：「但並非家家戶戶立即買得起電視機。政府於是在公園設置鐵

籠放一部，晚晚有專人來開機，大家站著看；或者到士多買樽汽水坐著看，等如要收費。生記是沒有電視機的。我家遲至 1971 年才添置，當年的高科技產品，年頭和年尾價錢已經跌一截，起初只信德國牌子，後來發覺日本牌子也行，更加廉宜普及。叫得無綫，靠魚骨天線接收，要自己搞，經常訊號不良，爬上天台調校。早晚播粵語長片，還有劇集、《芝麻街》、紀錄片、《歡樂今宵》，多元化，反而現在節目種類比較窄。《歡樂今宵》班底似荔園江湖賣藝團，又吸收粵語片沒落後的遺才如梁醒波、森森、鄭少秋，在歌廳則吸收奚秀蘭。電視上偶爾有些時裝表演，透視裝上陣都得！看得我心猿意馬。那時媒體屬於摸索期，沒規範，容許胡來。

「還未計音樂界，我樓下女人街便大賣翻版卡式錄音帶成行成市，播通街入腦，你話何等百花齊放？」

都對都對，但潘源良結果考上大學，那時甚艱難。喧鬧繁囂中，他怎樣靜下心讀書的？潘源良語氣轉沉重道：「我本是個活潑孩子，跳蹦蹦，愛唱歌，坐不定。小學二年級，下雨天在有蓋操場玩，一跣腳，胸口猛力撞上石柱，當場昏迷，醒來已經在治療室，校方見我無傷痕又無出血，沒送醫院檢查，我亦不敢告訴家人，但長期按下去仍隱隱作痛，自此我心境不同了。說來奇怪，我連嗓子也沙啞了，提早轉聲，不再愛唱歌，性格變得孤僻內向，寧願

獨處，我暗暗認定自己會早死。對於學業，能夠努力便努力，儘量吸收記憶，珍惜有限光陰，如此這般考上大學。」

難怪，筆者問他兒時回憶，原意談玩樂，他卻由舊書店談起。潘源良對筆者說：「現在看來雖然可笑，但我不知怎形容，一直堅信不疑，是流行文化的種種，深深影響了我的人生觀。你在《壹週刊》訪問我曾經寫我『早慧』，我的確好像早早就似老人精。

「胸痛每晚不安眠，我瞓碌架床上格，兩個姐姐瞓下格，爸媽瞓另一張床，沒人知道我睡著了沒有，於是父母枕邊私語常常鑽入我耳朵，聽盡了他們的心底話，也聽盡柴米油鹽的生計怨言。黑色童年，除非故作天真，很難不多愁善感。」

匱乏社會，容不下無憂無慮稚氣裝萌，年少老成，新舊交替，匍匐而進，我們都這樣長大，走向青春殘酷物語……

潘記 1　**寫給我的父母**

〈界外球〉

曾經以為／自己所愛的一切／都只能擦身而過／就像已經滾到界外的
皮球／再努力飛奔追趕／都是白跑／踢波　結他　攝影／童年充滿遐
想的愛好／家裡下令　不准　不准　不准／據說時勢不好　據說條件
不夠　據說我要聽話／去換尋常的未來／而我欠缺的是反叛

父親有兩頭家／元配是他所愛／第一次聽到別人笑我是二奶仔／我還
不懂得動怒／大媽過世的時候／十二歲的我更要跪在靈堂上為她擔幡
買水

回到我家住下來／父親已經六十多歲／他曾經領我到「麥花臣」踢波
討好我吧　僅此一次／因為我不屑跟他踢／而且故意讓他看得出來

太遲了／當時我想／要修補我們的關係也是／要開始踢波也是／我不
是從後追趕的那位球員／我是那滾到界外的皮球

而父親也真愛足球／原子粒收音機傳來的球賽廣播是他的至愛／盧振
喧跟葉觀楫是他的空中良友／花墟與「麥花臣」是他的消閒勝地／只
有我在他的足球世界中／連做後備的位置也沒有

大學畢業　投身工作／朋友讓我跟他們經常踢球的時候／我已快到
三十歲／父親辭世亦已有十年／他沒有聽過我寫的一首歌　沒有看過
我拍的一格菲林／當然也沒再看到我踢球

把界外球擲回場中／沒甚麼大不了／但每次走到場邊／彷彿都看到他
／他在看我／看我怎樣在人生的球場上　流汗拚搏

又過了許多年／一次在春節假期坐到電視機前看球賽直播／剝開蜜柑
的雙手沾滿了果汁／才突然想起這往事

花墟球場外擠滿了人／進場前父親在攤檔挑了許久／蜜柑五毛三個／
再拖著我手走進看台

球賽開始了好一陣／我才央得父親剝開一個／讓我吃得津津有味／但
第二個的等待卻像遙遙無期

好不容易等到半場休息／才又幹掉一個／但最後一個／卻只有等得更久

球賽對我已經毫無意義／眼睛只顧瞄著父親座旁的小紙袋／這我才發
現他間中會把手放到袋子附近／卻一再把袋口扭緊

離場時他才把最後的一個和我分享／那是他整個下午的第一口柑／而
那一再把袋口扭緊的手／就這樣養大了他的幾個孩子

以上的篇章，載於一本名為《寫給足球的情書》的結集裡，十多年前
由「香港足球評述員協會」仝人各寫一篇與足球有關的、纂集成書。
這是我和足球的往事、也是我對先父的回憶。至於母親，在她離世前
不久，我也借了她名字的諧音，寫了這樣的一篇。

〈二雯〉

我到香港找生活　你們等我
用這句子道別的人　太多　太多
年方二十　世界太大　戰亂剛過　色變江河
慶幸等到從這小島飄洋而至的回信和車票　謝謝我的哥哥
我一直認為哥哥是天才　鄉間人人口中都這樣記載
書塾老師考不過他　才三尺高長十尺的毛筆春聯就寫出來
三十歲未滿　維多利亞港邊的客棧　他就是帳房總裁
聽說還跟客棧老闆的女兒　談戀愛

坐進冰室喝了一杯紅豆冰　沒意會冰室將串演出我的將來
永安占飛瑞興龍子行　彌敦道上足印初開
美呀　貴呀　心裡呼喊著　惦記住那買不起穿不走的色彩
信裡說　尖沙咀對岸就是中環　哥哥在等我　渡輪過海
他說已為我找到了工　在加多利山當女傭
教堂般大小整整一幢　一天到晚辛勤勞動
夜裡睡在車房一角　夏天很熱　冬天很凍
日子很快也是很長　是否這樣　埋葬青春

冰室以兒子命名

兒子卻跑回去貢獻革命

一河之隔　兩種光陰

等了又等　只好認命

搬進板間房共賦同居

誕下了孩子一男兩女

之後來港的卻是他原配

偏房清冷　幾宵相聚

沒有註冊過的婚姻　他只肯負起養家的責任

不定期回來　每次留下　幾十蚊

我不肯定他怕我會出走還是想我走

帶著或留下孩子　跟其他男人

孩子病了　抱一個帶兩個看醫生

孩子入學　只有我簽名當監護人

孩子要領兒童身份證　我第一次教他們演出誠實的口吻

出洋的水手攜證離港了　那是你們的父親

我到香港找生活　你們等我

用這句子道別的人　太多　太多

看著好不容易才令他們終於入睡了的三姊弟

間中也會想起　我沒能帶到香港的那一個

他的原配癌病離世前　文革已經逼使他的兒子跳井

他讓我的幼子為他的喪偶擔幡買水　自己一下就老了十年

冰室從此我天天都去　還是當個清潔員

直到六十歲他決定退休　那時我以為是生活改善的第一天

他說退休後生活沒有保障　把積蓄都放進了股票市場

家用跟從前一模一樣　還要替他的三餐著想

七三股災那夜我們甚麼都沒講　第二天我就有班可上

又是冰室　又是旺角　杯盤刀叉水中蕩漾

大女兒大學畢業前　我一直期待著轉變

轉變發生了但幾乎翻臉　因為她將另建家園

二女兒更早嫁了給別人　原意靠她們在家裡翻身

剩下幼子仍在攻讀　我還得依附　我的男人

幼子今天坐在我床前　我睡在灣仔的安老院

他說應該是在八二年　父親剛離世　大陸在轉變

有位姓陳的寄來一封信　信中還有他的照片

找媽媽的信給兒子銷毀　就因為　他們有著幾乎同一張臉

他這樣獨白像自言自語　到底是要我聽見聽不見
我在裝睡還是根本在夢境　這段日子早已分不清
剛才吃過了稀粥奶糊　呼吸像個初生的女嬰
蜷縮著曾經跌破的右髖　被窩中沉進人生片段

哥哥回鄉再回港猝逝　應該是在沙士那年
幼子在遠洋婚姻再結　我只聽見但歷歷目前
歲月太長記憶太短　飲冰　逛街　已很遙遠
福氣原來我從不缺　只是形態　非我所願
我到香港找生活　你們等我
用這句子道別的人　太多　太多
院友那誰　也跟我提過
這樣的故事　是她的麼

我父我母。父親長期缺席，影樓拍全家福也沒有參加。

2.

吐露思潮

1977 年，潘源良升讀香港中文大學新亞書院歷史系。中大在吐露港馬料水。

他說：「小時曾經以為，考不上大學便去幫忙經營冰室，十幾歲接手並非不可能，沒想到老父先發制人，冰室在我初中年代便毅然結業。爸爸似乎在試驗我有沒有足夠的升學能力，考到了，便讓我讀。」

七、八十年代的大學生，關社認祖 —— 關心社會、認識祖國，直接說，即是左膠。「大氣氛如此，那招牌太靚。毛澤東過世，打倒四人幫，一個二個自覺肩負使命感，相信社會主義。」印象深刻途經大學站的火車永遠塞滿乘

客，一片回鄉熱、尋根熱，迎向內地開放改革。

新亞書院卻背景右傾，錢穆、唐君毅等創辦人以新儒家自居，傳承傳統價值。吐露港畔，思潮起伏。潘源良兩邊都不屬於，「我是繼續我行我素，視乎當時具體的想法，而不是對某種意識形態的狂熱。」

其時保衛釣魚台運動已入尾聲，潘源良記得有師兄會去太子道明愛中心開會商討大計。至於陳毓祥（1950-1996）在九十年代重投闖島犧牲，固然令人惋惜，潘源良卻說：「那可能是一個自設的思想陷阱，做了中產之後租條船出海再去，心態可能就像對二十年前女朋友念念不忘。」

另一矚目運動是中文合法化。中文大學的成立（1963）正正反映社會訴求，在此之前，唯一選擇只有使用英文為授課語言的香港大學。1974年，立法通過中文與英文享有同等法律地位。1977年，司徒華擔任中文運動聯合委員主席，發起第二波。

是中文地位提高促成 Cantopop 盛世嗎？「不太相干。其實當年個個家長都要子女學英文。反而暴動過後，廣東人意識到落地生根，電視開台，主題曲興起，自然產生。流行文化未必關政治事，最緊要『有氣抖』——公屋、居

屋發展令市民安居樂業，勞工假期和有薪假期確立，開啟了休閒生活，有得遊山玩水甚至出埠旅行，買部相機拍拖影相，買部唱機聽唱片，消費暢旺，香港步向物質豐裕，人人樂觀開心。我在旺角每天都看見這些轉變和新生事物。」

潘源良不久轉讀新聞及傳播。「報大學睇公開試，語文和歷史科成績好便適合報讀歷史系，但我一早立志做傳媒工作。有道是，今日新聞等如明日歷史。歷史系畢業一係做老師，一係繼續研究，都非我志願。但歷史的訓練很有用，教人尋找痕跡，例如採訪左右派人物要掌握淵源脈絡。」

但潘源良更忙於兼職。「這麼大個人別負累屋企。自幼我就兼職，做超級市場之類，升上大學，我希望做些與所學相輔相承。

「第一份工做商業電台《突破時刻》，無錢的，也嘗試幫福音組織《齊唱新歌》填詞。

「後來往 TVB 新聞部暑期實習，實習完轉受薪兼職，仍替他們翻譯外電。我故意選科選到一星期只須返三日學，家在旺角鐵路沿線申請不到宿位，除非屈蛇（借住同學宿舍），否則朝早的堂基本缺席。我熱衷吸取經驗，哪怕只

是譯稿，對日後遣詞用字也是鍛鍊。年輕有用不盡的體力，在新亞山頂和同學聊天流連忘返，沒高樓大廈阻隔，遙遙望見火車停於大埔，才連跑帶跳衝落山，柴油火車行駛慢又中途要避對頭車，往往竟能在大學站趕上尾班車。

「另一消耗最多光陰的是看電影，去火鳥電影會、第一映室和電影文化中心。當時沒上網，連 VHS 錄影帶也尚未普及，較冷門的電影，要靠它們引入播放，那裡還有得學拍攝超八米厘電影。」

拍拖呢？「真的無。我這方面遲熟，試過一段似是而非的，無實質事情發生。校園內可以一班男男女女在水塔底傾天光，但單對單極少，女孩子好純情。我一心預備做 media，便努力學習，沒空間拍拖。」

唉，倒不如問問文青書單。「我看的書很雜，沒所謂甚麼必讀書目，金庸有看但我也不特別愛好。反而一些日本翻譯短篇，例如芥川龍之介的小說很短很精彩，因為他身處的大時代，便吸引追看三島由紀夫和谷崎潤一郎等。」

唐詩宋詞的根底總有助填詞吧？「我從來不是高深綺麗派，創作的原則是不轉彎抹角，是那樣就那樣。甚麼人需要詩呢？有人話詩無病呻吟，又似乎是，唯等一句寫中了你，你就會明白。我覺得最堅的一首古詩是白居易〈琵

琶行〉，有故事有感情有同理心。如果你不明白，可能你未夠老。等詩來拍你門。

「更重要在建立世界觀。戰後嬰兒炸彈，生育潮人心向上，普世迷信科學萬能，彷彿天堂就在人間。然後越戰、能源危機，種種未如人意驚破美夢，流行起虛無主義。過程如暴雨驕陽，百家爭鳴。在六、七十年代，李小龍功夫有一套哲學，告魯夫踢波有一套哲學，阿里打拳有一套哲學，在在提醒我們也應該找回自己。」

筆者可能未夠老，但想起〈琵琶行〉序文：「曲罷憫默，自敘少小時歡樂事，今漂淪憔悴，轉徙於江湖間。」每星期與潘源良隔海 Zoom meeting，是否也有些像白居易聽音樂人「低眉信手續續彈，說盡心中無限事。」而「同是天涯淪落人，相逢何必曾相識」更低迴不已。

回頭說，文青潘源良曾經選擇基督教世界觀，探索前行⋯⋯

潘記 2　**就是讀了中大囉**

入讀中大之後，我只有更加離群獨處。一來因為同屆入讀的中學同學沒幾個，友誼斷層重頭開始新建需時；二來為補家計找了兼職經常須校園市區兩邊走。當時的火車電氣化尚在初始階段，大量鐵路重建重鋪工程影響下，班次又疏又混亂。偏偏在我入學同年（1977）開始了回鄉探親的熱潮，十多年中港相隔，加上香港經濟正值起飛，大量港人攜帶大包小包坐火車往深圳過關。結果，家居旺角的我，既不獲派宿位、也難以乘車回校，只能一方面把修讀的課程集中每週一兩天、上課看情況而定，其餘時間多數不在校園。

雖然不常在校園，但當時流行的「關社認祖」思潮當然也聽到過，只

是讀書會或結社討論都不是我杯茶。之後電台義工讓我接觸到不少社會團體，在新聞部兼職又令我放眼國際。不過，當時令我有最強烈感覺的，卻是「香港人」這個身份意識已經呼之欲出。

那些年、初聽黃霑撰寫的〈問我〉，初讀西西的《我城》，彷彿都在反思自我的立足之地。再看著多少家庭因公屋或居屋而上樓，把這城市看成自己歸屬的地方，一代站穩以後、寄望未來的新一代……這種與香港共同成長、走向世界、走向未來的感受，讓我當時深感幸運、熱血沸騰。

若干年後，當電影《黃飛鴻》的主題曲令傳統曲目〈將軍令〉早已膾炙人口，當許多人緬懷過去，說香港已經無復當年的風華光采之際，喜愛舊曲二創的我，借了西西小說的題目，填了這一首〈我城〉……

〈我城〉（調寄〈將軍令〉）

是我生長的故鄉
是我喚作我城地方
天有靈光　山氣清朗

海中有風浪　更顯夢意狂

育我笑傲人　心胸壯

東西一扇窗　四方八面忙

為了明天　邁向何方

恨不得世上有樂園像　這小島一樣

溢滿各種理想

當淒風苦雨地裂山崩都奮力抵抗

證實從來愛未忘

留住記憶當中的真相及苦況

城就算失落　復興志若狂

棲身於那方　一出手要幫　為我城復光

棲身於那方

一出手要幫

為

我

城

復

光

3.

接觸填詞

高中到大學時期，潘源良開始接觸填詞。

「家住女人街樓上，攤檔卜晝卜夜在大大聲播翻版卡式帶，我修練到溫習不用安靜不用帶耳塞，沒分心，但歌詞自然入晒腦。那時樂壇旺盛得令人興奮，有從粵曲走過來的傳統春花秋月，有夾雜英語時髦，有清新散文化傾向，例如城市民歌〈昨夜的渡輪上〉單論歌名已經充滿實驗性，以前不會出現的。」

耳濡目染，少年潘源良也做過時下港青最愛的 —— 改歌詞：「我哋呢班書院仔，通宵開夜咪到心肝肺虧！果種辛苦確係認真惡抵，咪到底、實係不知所謂⋯⋯」（脫胎自許冠傑〈半斤八兩〉）歷史系運動會啦啦隊出動，亦由他二創鄭少秋的〈書劍恩仇錄〉。太陽底下無新事，原來，代代都識玩。

填詞究竟需要具備何種條件？潘源良說：「我回顧整個業界，來自五湖四海，各師各法得離奇。莫說填詞，甚至作曲可以不懂五線譜，唱歌可以不懂睇譜都會有，所謂唸口簧嘛，但並不反映技藝的高低。打個比喻，這行像一片海洋，你跳崖掉進去抑或沙灘由淺入深都得，然後是淹死抑或碧波暢泳，視乎修為造化。」

音樂根底強如黃霑固然有，潘源良則自嘲對著五線譜要研究整晚，實際還是靠收錄音帶（後來是錄音 files），記熟旋律段落然後倚聲填詞。

真正錄成實體唱片盒帶，始於《齊唱新歌》專輯（1981）。那是基督徒音樂組織的作品集，直接說，目標是創作啱音的福音新歌。以前聖詩不講究啱音，「主」往往唱成「豬」。潘源良說：「我自幼讀教會學校，耶穌故事感動我，中三中四決志信主。到返大學團契，經介紹知道突破機構，地址在尖沙咀。突破機構出版《突破雜誌》，走在時代尖端，又搞《突破時刻》電台節目，我在商台認識曾路得（DJ 兼《齊唱新歌》主要歌手），介紹下一拍即合。《齊唱新歌》強調新，配合都市生活，聖詩也應該啱音似流行曲，是不可抗拒的趨勢。」

令人羨慕，初出道即獨挑大樑。「那個時代需求大，試過得就得。不只我，

盧國沾前輩的作品演唱會，大家都來了。

林振強、林敏聰踏足詞壇，也是試過得就得，人家自然會再搵，不存在甚麼入行履歷。反而現時 YouTuber 看似平台開放，偏偏卻因此難以突出，得來太輕率，人人覺得不外如是，創作者遂走向我行我素，甚至拒絕接受市場 polish（打磨與潤飾），愈來愈背道而馳，是後話。

「我填詞心得五個字：唔掂寫到掂。實在唔掂的話，你自己放棄或人家放棄你，咁簡單，所以我對寫過的都不後悔。人過了二十歲便應該對文字負責任，情懷可能變遷，交得貨的水平總不能差太遠。

「我建議有志者可從二創入手，甚至照跟原作的韻腳，從中比較觀摩高明之處。第一段正歌營造氣氛，漸引入副歌高潮，然後第二段扭扭意思，推向副歌重覆更高潮至收結有餘韻 —— 當然容許違反這套法則，但基本功總要知道。二創不怕學壞手勢的，最緊要有趣，無趣做來做乜？」

那時他自言滿懷歡喜為宗教奉獻，前後替《齊唱新歌》填了七、八首歌詞。「去到一個地步，要講的已太多，信仰坐言不如起行。你知道，教會團體隨時有些無謂爭論和迂腐要求，不適合我性格。」潘源良淡出組織，下一次公開發表詞作，要待任職港台期間的劇集主題曲雷安娜〈濁世暖流清〉（1983），屬於流行商業產物了。

但難忘基督教社群結交的朋友。黃耀明也曾經是熱心教徒，與潘識於微時。「在《突破時刻》，他細我幾年，還是個中學生，我瘦他更瘦，又生得高。他家境較佳，對外國唱片涉獵很廣，負責為節目建議音樂，讓我們『大開耳界』。中學畢業後，他入讀無綫藝員訓練班，然後輾轉到了達明一派，我們再度合作⋯⋯」

匆匆幾十年。

引錄以下少作，估佢唔到的潘源良青蔥虔誠另一面：

此刻身已倦，就像是隻破冰船。
周遭多冰冷，茫茫路向未可見。
默默去闖苦撐到底，我要開闢荒原。
但是這一刻確實疲倦，哪裡是岸可見？
此刻心也倦，就讓我休息不言。
將身心交託，求寧靜默默感應。
就讓我主安撫我心，再去為前路打算。
就讓我主潔淨我心，再破浪傳達溫暖。
——〈破冰船〉（曲、唱：曾路得　詞：潘源良）

潘記 3　未打過長工的我，是如何活下來的？

據說創作人都抗拒規律、喜怒無常數學差又不主動為金錢計劃，尤其討厭開會，更怕開口市儈地談及酬勞。

也許因為出道以來一直都是「打件頭工」：劇本、電影、歌詞，都是每次按不同要求下創作，成為一件一件獨立的作品，接著又再找下一次機遇，於是我很早就要求及鍛鍊自己，要有紀律、高效處理事情、避免意氣用事、對業界生態要有整全的預見力、開有用的會，而且，敢於保障自己的權益、及開口提出合理要求。否則，自主多方位工作（今稱「斜棟者」）不可能持續。縱觀此生沒打過長工、未寫過求職信，更沒有兼顧炒股炒樓而還不至於餓死，端賴這些醒覺行動。

露叔和鄭老師那年找我邀我競選 CASH（香港作曲家及作詞家協會）執事，固然出於他們的厚愛，但恐怕也因為、的確太多其他的作曲作詞人，不願面對處理事務會議，只想到把精力都放在創作上。到了 2012 年，民間討論網上版權修訂法之際，CASH 作為一個版權保護團體，在修例下不無壓力。但我當時身為理事、又想到對我擔任理事寄以期望的露叔，更想到他曾經二創的精彩聖誕歌，唱得光明磊落，於是我自動請纓、出席表達了個人意見（見附錄〈關於二次創作 —— 2012 發言〉）。

到了 2019，在《有辣有唔辣》的舞台上，我二創的〈廟街耶穌〉，正是渴望延續露叔的這種玩世真情……

〈廟街耶穌〉（調寄〈龍飛鳳舞〉）

耶穌有一個喺廟街
耶穌一出世佢就要捱
耶穌佢細細個嚇大
事關呢一帶確係怪

到處靚女見到人就拉
到處店舖有叔伯打牌
到處暗角有機會學壞
到處發覺阿邊個大晒

隨時械鬥唔係打北派
有乜難關走去睇相開解
跌跌碰碰佢飲到太大
唱到拆晒對咪佢搏命嗌

（音樂過門）

到處靚女見到人就拉
到處店舖有叔伯打牌
到處暗角有機會學壞
到處發覺阿邊個大晒

隨時械鬥唔係打北派
有乜難關走去睇相開解

跌跌碰碰佢飲到太大

唱到拆晒對咪佢搏命嗌

下下鬥快　咕哩　師奶　表叔　三姑　病壞　邪牌　若果有機會肯買
肯賣

耶穌有一個喺廟街

耶穌一出世佢就要捱

耶穌佢細細個嚇大

事關呢一帶　確係怪

此外，到了新冠病毒肆虐全球之際，我又嘗試把悲情二創成搞笑……

〈 苦婦扶夫 〉

前言：瘟災人禍，禍及人人。際此年宵佳節，合該點燈賞花，玩文弄
墨，圖個雅興。惟日前於地鐵扶手電梯前，見一對銀髮夫婦，正要隨
梯而下，婦突喝止！因夫手險觸及扶手膠帶，恐沾病毒也！婦見狀欲
參扶丈夫下梯，惜年事已高，兩人在梯前相扶相附、相呼相撫，把悲

劇演成喜劇。引為二次創作，亦可哀可笑也 ……

（ "Jingle Bell" 你一定識唱嘅 ）

扶夫呼婦扶

扶夫夫婦附

附夫呼婦負 *（ 夫以為可背負其婦也 ）

呼夫苦掭夫 *（ 掭開張被個掭 ）

扶夫呼婦扶

扶夫夫婦附

附夫苦婦呼夫苦

苦夫撫苦婦

夫呼苦　婦呼夫

附婦掭苦夫

苦夫呼　婦呼苦

呼夫苦婦扶夫

夫呼苦　婦呼夫

附婦挴苦夫

苦夫呼　呼婦負

夫苦呼苦婦

潘源良投身媒體始於收音機,與《齊唱新歌》相關(見上節),1978年基督教機構突破辦廣播節目《突破時刻》,潘源良作為信徒熱心參與,其時他剛由中大歷史系轉讀新聞系二年級。

《突破時刻》由《空中突破》(1975)演進而成,沿用了商業一台週一至週五晚黃金時段,主題關懷社會,由商台朱明銳監製,實際操作靠一班團體義工。「人才濟濟,較資深的有陳港開、文潔華(後來成為大學教授)、其後有年紀輕輕的黃耀明(後來成為DJ及歌手)、還有我和周耀輝(後來同為填詞人)等等。」潘源良憶述:「商台租出時段,一定不可能照市價收費了,勝在節目具意義。年輕人投入度高,每個環節播出半至一小時不等,由構思、

資料蒐集、訪問到剪帶搞足幾天。剪帶，指真的落刀剪用膠紙黐錄音帶，剪接完又檢查效果。不敢說滿足感，但有強烈的完成感，每次都想下次更好。當年沒互聯網，能夠在收音機公開發表是件大事。我們認真製作，記得俞琤（商台話事人）點名讚過我們的 jingle（節目短序）。

「因為宗教協調性，不會爭功勞，往往主持只兩人，但幕後一齊開會、撰稿的共六、七人，無話要所謂成名的。與現在 KOL 不同，從意見領袖（Key Opinion Leader）這稱號注定，搏出位成了常態。」

潘源良唸新聞系，本身具備報刊《新沙田》的編採經驗，入手《突破時刻》的範疇即頗全面。順帶一提，當日中大新聞系一屆才二十人左右，連同浸會傳理系亦人數不多，迎向傳媒盛世，所以那幾年同學們都迅速在業界各據要津了。反而後來學額倍增，傳媒卻日漸式微，畢業生供過於求，入行困難。

潘源良永遠記得自己負責的環節叫〈開心關心〉、〈旺角北角沙頭角〉，名字已經反映熱心服務，落手落腳，日間要上堂和兼職，晚上錄音常至夜深，也忙得快樂。為何替 TVB 新聞部兼職賺外快，替《突破時刻》卻願意白白付出？他坦承義工就是義工，本身就有意義嘛，做了兩三年，到大學畢業才離開，還介紹朋友接手。「我摸清楚自己工作興趣在有 visual 的，應該向電

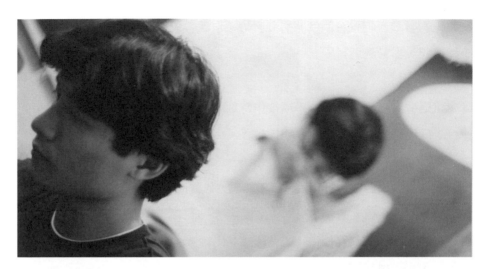

大學時為同學的畢業作品演出，扮演下鄉知青。

視和電影發展。但電台訓練我對聲音敏感，尤其製作 jingle，於音樂和用字千錘百鍊，亦幫到填詞。」

等到重返收音機客串，要待千禧後作為足球評述員了，串連一群講波手足的節目《球迷集中贏》，也樂在其中。

至於作為填詞人與電台打交道，倒不熱衷，他對商台後來獨攬兩位偉文——黃偉文和原名梁偉文的林夕形同決定流行榜，頗有微詞（見後文章節）。「等到互聯網崛起，聽歌碎片化，電台聽成夕陽行業，還剩幾多人聽呢？可能司機一族，定了型，如何尋求突破？我真不知道。

「電台已經欠缺主動性，還能否助攻音樂呢？能夠固然好，大家在觀望。流行榜和頒獎禮，有總好過無，卻先要有人注意理會，才可以談公信力。」

回憶美麗，那戀直那正能量，如果人生一直保持，該多好呢？潘源良苦笑說：「是很難保持的，曾經有過也好好。人生過程就是去發現去認識去嘗試去取得，當我發現，基督教甚麼都講福音，其他範圍就似乎無心處理，尤其我學傳播，不可能只傳播單一訊息。」

與電台生涯同期，1981，來到大學最後一年，潘源良以學生作品《寓言》參加香港國際電影節，在短片項目獲獎，交流時間認識了女朋友（日後第一任太太）。「她讀浸會傳理系，也有參加比賽，談起彼此是基督徒，於是一齊返聚會⋯⋯

「回看只覺自己是在開快車，當時太多事情，學習、做義工、求職、轉工，天真的想法，感情唯求愈快 settle 愈好，然後專心開展自己的創作和事業。所以我當時的早婚，是個不成熟決定。講得衰啲，我利用她取得一個穩定的名份，是滿足自己向前衝為目標。

「那一輩圈子的男人很多如此，爭在認不認和離不離婚收場。」

潘源良 1983 年結婚，1986 年仳離。

突破時刻有大家！（請找出相中的潘和黃耀明。每張都有。）

潘記 4　關於「香港人」身份的二三事

之前說過在我成長的六、七十年代,「香港人」的誕生逐漸成型。後來論者概括描述「香港人」的特質頗多,粗略包括:現實、勤奮、自信、好學、精於應變、重視效率、追潮流、服膺普世價值、等等,等等……

我是看著這些特質怎樣一點一滴,因應著這小島的客觀人口地理環境,因應著這幾十年間公民與施政的互動效應,如繁花點點一一綻放的。說現實,因為港人多從亂世中逃難而來,生存與基本生活優先。地少人多、各展所長,也自然養成了勤奮之道。等到暴動後穩定下來,社會出現了有效的往上階梯,自信與好學就隨之而來。城市節奏愈見急

速，應變與效率也愈見精準。加上東西文化源源注入，尖端科技、思想、風氣、玩意等，也就滋養出本地的新潮。

當然，一個銅板有兩面。這些特質也具備了隱而未顯的負面可能。說現實，當然可以變得錙銖必計、不近人情。此所以會發展出「納米樓」、籠屋劏房。勤奮求財工作成癮，也會犧牲了親屬關係，誕生家庭問題。自信、好學加上應變效率，也會使人蛻變成「世界仔」，將其他人視為利用工具。至於追趕潮流，吹捧偶像，不免會令視野心胸狹窄，錯失欣賞許多其他作品的優點……

不過，「香港人」在初生之際，確實神氣清朗，叫世界眼前一亮。這個階段有件我覺得非常重要的事，就是在七十年代出現的「越南船民接收事件」。當時香港經濟正值起飛，市民安居樂業，正要在各個層面向世界探首。這事件背景本來與香港無關，但由第一艘船登陸開始，斷續擾攘十多年，成為官民上下都有感的社會議題，連熱播的電視劇、電影都就地取材。最終「香港人」一起學會了人道立場、國際互助、關愛精神等高尚品質，昂然與世界接軌。

此後，香港人於普世相扶的慈善事業，幾乎從不缺席，也成為了國際

NGO 的重鎮。八十年代開始，電台每年有一個名為「饑饉三十」的籌款活動。當時我拿了羅大佑的〈亞細亞的孤兒〉做二創，寫下了 86 年大會的這首主題曲⋯⋯

〈塵土原是無疆界〉

作詞：潘源良　作曲：羅大佑
編：盧東尼
監製：朱明銳／黃祖輝

塵土原是一片　誰定你我疆界
饑荒的一塊地　也可通往這一帶
假使我未有　為遠方需要著想
等於已負了　泥土中的債

人生同是飄泊　無謂你我分界
彼此關心努力　困苦可以消解
可否說句願意　遞出堅壯的手
一起以熱愛治療苦楚那一帶

今天捐出費用　　原是出於關懷
今天高歌信念　　要將苦痛開解
今天我要學會　　用真心作郵差
將溫暖運到地球的每一帶
塵土原是一片　　誰定你我疆界
饑荒的一塊地　　也可通往這一帶
假使我未有為遠方需要著想
等於已負了泥土中的債

今天捐出費用　　原是出於關懷
今天高歌信念　　要將苦痛開解
今天我要學會　　用真心作郵差
將溫暖運到地球的每一帶

人生同是漂泊　　無謂你我分界
彼此關心努力　　困苦可以消解
可否說句願意　　遞出堅壯的手
一起以熱愛治療苦楚那一帶

人生同是漂泊　無謂你我分界

彼此關心努力　困苦可以消解

可不可以遞出　我哋堅壯的手

一起用熱愛治療苦楚那一帶

塵土原是一片　誰定你我疆界

人生同是漂泊　無謂你我分界

塵土原是一片　誰定你我疆界

人生同是漂泊　無謂你我分界

5.

電視二選

電台做義工,職場生涯,由電視台開始。

潘源良讀新聞系,經大學安排到 TVB 新聞部實習,表現不俗,期滿獲聘繼續兼職,賺點外快。他說:「香港奇蹟,是百幾年之間、在此進行了史無前例的實驗:人口密集,市場活躍,不單是經濟中心,也是傳媒中心 —— 或者說,若資訊不發達,經濟未必走得遠。外國報紙甚少像香港報紙有厚厚國際版,它們通常只關心所在城鎮的休戚。電視更不必說了,業界高速發展,不惜功本,例如人造衛星直播,美國駐伊朗使館被扣留人質(1979),TVB 照派記者去採訪,其實幾誇張。體育消息方面,香港也曾經是全世界播奧運最優勝的地方,功課做足,主要的項目又全部任睇。」

比照現居地台灣，足球連西班牙甲組賽事都無渠道收看，國際視野較狹可見一斑。不過，香港近年也收窄，減少高成本遠赴外地，世界盃免費收看成絕響，東京奧運靠港府付帳才惠澤大眾⋯⋯是後話。

當年，潘源良便負責國際新聞，接收外電、寫稿執稿、旁白採訪都試過。「主力翻譯，學習觀察世界，學習怎 present 也等如學習怎講故事，對將來從事創作很有幫助。工作挑戰性大，卻不算太勾心鬥角，黨派總會有，在無綫新聞部主要是中大和浸會兩大系統，當年卻算是和睦共處。」

1981 年，潘源良畢業，正值 TVB 啟播《香港早晨》。在此之前，每天第一個新聞報導節目是中午一點的《午間新聞》，預備工作由清晨做起；有了《香港早晨》一下子大步提前，可想而知對新聞數量、編採的需求增加許多。用人之際，潘源良本來順利過渡正職，理應大好前途，他卻選擇辭工。「兼職前後做了兩年，再踩下去就會很深，未必能轉到我志趣的戲劇上了。受新浪潮電影影響，我想拍片。」

改投戲劇，他沒因利乘便向 TVB 申請內部調遷，而是跳槽麗的（亞洲電視前身）。「麗的出名『爛仔』些，所以吸引我。麥當雄和蕭若元拍的《霧夜飛屍》等劇集，很破格。」

在此補充：筆者曾訪問蕭若元（見拙著《大台起伏史》），談及《十大奇案之霧夜飛屍》（1975）拍火車撞人。怎拍？攝製隊爬進鐵絲網，深夜潛伏路軌邊，擺好攝錄機，待柴油火車駛近的一瞬間拋出人形公仔，便拍到逼真效果。火車司機當然不知情，急煞停，事後電視台惹官非。又如《女媧行動》（1981），結局男主角要向港督報告驚天大陰謀，生死難料。怎拍？不可能申請到。蕭若元叫演員扮向港督府守門的警察問路，攝錄機隔遠偷拍，效果便像男主角求見港督一樣，而全劇戛然而止，正好留下懸念。蕭自嘲：「我們真是狂徒。」

潘源良憶述：「有助洗脫我學院派習氣，我需要更地道的實戰經驗。通過介紹入去，就像插進一大班人的 BBQ 派對，啱傾便繼續傾。開完第一次會，我知道今後有開工無收工了，我住旺角尚好，住新界的同事幾難有空返家。」潘源良任職 PA（助理編導），基本上一腳踢打雜，處理一切聯絡、安排事項，最高難度是編 call time 時間表，當年無電腦幫助編排、靠自己左度右度，每天拍甚麼、甚麼必須連戲、甚麼可縮短、怎幫公司省錢、莫讓大牌演員久候⋯⋯往往順得哥情失嫂意，成為磨心。

有點出乎意料，潘源良從 PA 而非見習編劇入手？浪子詞客形象深入民心，以為他屬於孤獨創作型，不適合助理編導要協調各方的工作？「我就是克服

性格弱點，先充實自己。PA 薪酬微薄、工時長、受氣袋，思前想後會崩潰的，但這種非人生活的確能在最短期學最多東西，而且市道好時，升職速度算快。只不過聽過太多失敗例子，嚇走有志青年。據聞，現時增設行政助理，分擔文書工作，卻又要雙方溝通得好，否則更容易出錯。」

練成此本事，多年後在溫哥華執導《聖荷西謀殺案》，所聘的鬼仔 PA 臨時推卸責任，潘源良索性自己通宵編 call time 拍攝時間表。一技傍身，一生受用。

潘源良加入麗的時，麥當雄和蕭若元剛已離開，他跟隨編導李元科，直屬監製徐小明。「阿科好好，雖然只大我幾年，科班出身，功夫紮實，視助理如手足，言無不盡。我做助導，於劇本創作是零，但現場跟他學『執生』。認識了如何在製作中貫通創作，知道局限，好過純靠想像、脫離現實。」大半年內參與了《大俠霍元甲》、《陳真》及《馬永貞》三劇，他形容是超額完成。三套均以近代為背景（霍元甲〔1868-1910〕本清朝人唯扮演者黃元申不肯剃頭改成民國），麗的開創近代技擊長篇劇種，硬橋硬馬真功夫，是TVB 所沒有的。內容極端英雄主義，主角們往往戰死犧牲收場，與那邊廂鄭少秋官仔骨骨大相逕庭，也與日後潘源良電影的言情路線大相逕庭。「戲劇原理一貫，起承轉合，都描寫人性衝突面。」

大半年，試用期一早過，但經歷澳洲幫入主，麗的行政混亂，到鍾景輝收拾殘局，方召見潘源良處理坐正。潘卻透露剛接獲香港電台電視部工作機會，King Sir 倒老實，叫他快快跳槽。

在港台，職銜仍然助理編導，卻終於有份寫劇本。張敏儀擔任台長（之後在1986 年成為首位華人及女性廣播處長），倡導本地化，提拔新浪潮中人如許鞍華、單慧珠、方育平等拍攝寫實、具社會意識的劇集如《獅子山下》。「吸不吸引一件事，深受大眾好感。我做過麗的，港台相對地聯繫工作不算繁複，就是預算壓得低，大牌演員都只三百元一日，但聲譽搭夠，很多明星樂意參演。」潘源良有份製作《香港香港》和《溫馨集》。

因為擁大學學位，上司叫他考公務員 APO 職級，考取了，潘源良又蟬過別枝到新藝城電影公司。

在 TVB，迎來《香港早晨》用人之際，轉工；在麗的，試用期滿，轉工；在香港電台，升級在望，轉工。想說的是，行業興旺年頭，魚不過塘不肥，是硬道理，正如鍾景輝都鼓勵他三級跳。在職盡力，離職光明磊落，便沒啥問題。論薪酬，TVB 新聞部兼職竟比麗的 PA 全職高，港台更可晉升公務員、薪津有保障，但潘源良奉勸青年別短視怕辛苦，應以自己志趣優先。無人會

一入行就任你創作的，潘源良便走了一條迂迴但一步步接近目標的輾轉向上之路。

世情曲折，《溫馨集》還開啟了他職業填詞之路⋯⋯

潘記 5　**我的流行文化成長史**

說到我的影視經歷，當然是從小時居住的旺角展開。母親手抱入場看
戲曲片之時，講真我只是幾歲大，但是除了看字幕學中文辭句，卻實
在對戲劇有感。唐滌生的幾套戲寶，曲詞琅琅上口外，也為劇情著迷。
成長後更仔細地回顧，我發現《帝女花》寫身份衝突、《紫釵記》寫
情義哀愁、《再世紅梅記》寫慾念神話，配合「任白波」等名伶的精
湛演繹，儼然是香港早期的文化創作瑰寶！

小學時兼職送外賣，取得的貼士雖然微不足道，但正好作為購票之用，
自主入場，無須受母親左右選片。於是《獨行俠》、《畢業生》，甚至
《2001 太空漫遊》等外語電影，正式開闊了我的眼界。過去只有在地

圖上看到的甚麼美洲法國意大利、甚至外太空，竟然都可彷彿投身其中！說來可笑，我是一直到了讀大學在圖書館找到有關拍攝技術的書圖文並茂，才知道《2001 太空漫遊》原來不是在太空拍攝的！怪只怪我當年看到電視上登陸月球的新聞片段，於是聯想在太空拍攝電影是稀鬆平常的事吧。

中學時我已經肯定自己的興趣是要投身電影創作，於是幾乎是看戲成癮，甚麼電影都看，然後分析回味學習。那時因為有坐公車用的「巴士月票」，每天我上學來回只用兩程，但月票提供每日四程（方便午間可回家吃飯、但其實時間並不充裕），於是我就利用每天尚餘的兩程，跳上不同的公車，向不同的區域進發。而到了該區通常還是下午，我就趕緊去看一場電影，才急急回家。當年報紙有一大版電影廣告，詳述全港每間戲院上映的選片、入座時間。除了首輪放映，更有二輪戲院，還有早上十點半開始的早場、下午五點半的工餘場和晚上開十一點半的午夜場，都選擇一些精彩舊片重映。當年我暗地計劃，全港每一間戲院，我都要去看起碼一場電影。太遠的、用不到月票到達的，就等星期六、日或假期出征。結果在中五暑假會考前，偷偷完成了這個壯舉。而港九新界的每一個區域的面貌特色，我就是這樣順著戲院的路一一觀察認識的。

大學時已經加入了「火鳥電影會」、「第一映室」、「電影文化中心」等組織，看電影的時間更頻繁，也逐漸發展出一套自家製的學習方法。觀影時，我會同時開放感性的品嘗、與理性的分析。既盡心欣賞、也勇於批評。發現感動或覺得精彩的時刻，會分析它如何達致；進而在覺得有問題之處，會後續設想修理的可能方法。開始的時候當然是不容易，因為電影不會停下來、漆黑的戲院也不方便做筆記。所以經典如《教父》，我只有看完又看。等到觀影經驗愈豐富，愈能夠從不同層次去感受，愈可以看通及拆解到其中高明或失手的地方。不受電影以外的宣傳或藉口所影響、不因來頭名氣的大小而著迷。持之以恆，建立自己的世界觀、要求與尺度，對自身的創作與修為，都會有所幫助吧？

當我正式投身影視工作後，看電影電視時，就更加有著切身的感受。因為每一個鏡頭背後，都可看到台前幕後人員的通力合作、或力有不逮。一些大師的傑作，當然因為許多天賜的祝福。但更多是來自整個團隊毫不妥協的努力。所以，從第一天投身創作和製作開始，我就不斷提醒自己，要做到最好。就算情勢多艱難，沒有了理想中的最好，起碼也要做到當下可能的最好。

可以好一些的，就努力再做好一些吧⋯⋯

〈 嫁給電影的男人 〉

主題曲從耳邊響起
心聲累積年月滋味
閉上眼睛自動剪接
一幕一幕尋求謎底

人們說妳已經老去
華麗屬於上個世紀
敷起最新化妝特技
繼續演出虛情假意

我不相信光影已死
祇是偶然感情麻痺
石破天驚尋常細膩
終會讓妳釋放自己

觀眾既是妳的情人
讓你煩惱討妳歡心

愛妳的人始終在等
結局暫且不必追問

6.

職業同人

港台劇集《溫馨集》的片頭由助理編導潘源良負責，承上司之命把片頭音樂帶交予鄭國江譜詞。潘鼓起勇氣打電話給鄭國江：「我試填了一份，想鄭老師（鄭正職教小學所以人稱鄭 Sir）給意見。」鄭國江說好呀，著他一併送來。隔天收到通知，一字不改，可以直接採用，遂有了主題曲〈濁世暖流清〉（1983）。

「那時沒諗過這等如搶人家的工作。」潘源良憶述：「鄭國江大方，扶掖後輩，他真是位老師。」

筆者想起，承好友梁芷珊相告：「當初跟練海棠拍拖，某晚他談起：『有首

歌應承了人一直拖，明天 deadline 該推掉了。』我便提出給我一晚時間由我一試。」於是誕生梁漢文〈想著你等著你〉（以練海棠名義發表），然後才開名寫鄭秀文的〈不來的季節〉，陸續佳作紛陳⋯⋯填詞果然沒正式入行途徑，機會憑自己爭取。潘源良笑說：「年輕人別怕厚臉皮。衰了無人知，一擊即中就搞掂囉。」

巧妙的還有，〈濁世暖流清〉乃黎小田作曲，原意由其妻關菊英主唱，詎料當時醞釀離婚，換上雷安娜頂替。

八十年代初，香港樂壇經歷現代化過程，幾年之間新人湧現，曲風多元，歌詞內容變化尤大。「條件成熟，市場吸納到，歌手們來自五湖四海，包括海外回歸、DJ 出道、夾 band 一族，作曲口味便豐富了，又勇於改編外國 cover version。產量增加，不可能一味唐詩宋詞式春風秋月，林振強、我、潘偉源和小美等出道，都滲進都市生活題材，加上流行跳舞拍子，歌詞要配合活潑些，林敏聰〈跳舞街〉索性把人名夾雜進去，大家都可以接受。市道好，包容度高。」

〈濁世暖流清〉作為潘源良第一首商業歌詞（之前是宗教色彩的《齊唱新歌》系列），沒令他從此一帆風順詞約不斷。潘苦笑說：「除了黑色童年，

我還有很多黑色。大碟內頁印錯『填詞：潘偉良』。」原來把兩位新進詞人潘偉源和他搞混了。「即使知音賞識，一旦查無此人，便沒下文。我又不擅長跟進或交際，與唱片監製和錄音室工作者都較少來往。」

良心話，〈濁世暖流清〉並非潘的上品，與《齊唱新歌》風格相似。「太正氣的東西比較難轉出新點子，大家覺得港台的東西，合用正路就得。」潘源良說，真正開竅要待 1984 年。他在新藝城隨監製泰迪羅賓搞《英倫琵琶》，因為熟悉劇情，自薦填主題曲，男主角林子祥亦欣賞潘，很快作好曲，於是迸發〈邁步向前〉：「你有拼勁繼續跑，我有意志繼續追」與電影內容和畫面天作之合，一鳴驚人。

再一次，主動加人緣，缺一不可。

「總算是各方滿意。當時 Teddy（泰迪羅賓）本身又做音樂，正籌備一張概念大碟，在英國拍戲期間，我一邊替他寫全輯《天外人》。」之後林子祥向所屬華納唱片公司推薦潘，下筆多首經典電影主題曲如《龍的心》的〈誰可相依〉。泰迪羅賓的弟弟關維麟是寶麗金監製，觸覺敏銳，指定叫潘填一首主打歌，便是譚詠麟的〈愛情陷阱〉。從此潘在兩大龍頭公司如魚得水。

「粵語出名難填，換轉英文擺進甚麼都協音。卻正因為難填，粵語的聲調和押韻能牽引你許多想法，填得『應』就入心入肺。」

題外話，〈愛情陷阱〉因唱片公司不視作原創，所以即使紅遍東南亞，潘源良版稅收益有限。潘源良坦言身為新人，面對行規唯有硬食。〈愛情陷阱〉之後，潘源良當然其門如市了，也肩負起日後替業界爭取權利的責任。填詞從不算是潘源良正職，卻足以是營生主業。

潘記 6　**廣東歌填詞心法**

關於填寫廣東歌詞的心法，我曾在 1987 年的一份雜誌上短短寫了兩期（見附錄〈三番詞話〉）。轉眼三十多年，重讀但覺並無補充。若要再多談一些甚麼，反而是在寫「二創」歌詞方面。

「二創」歌詞由來已久，最明顯是宋代的詞牌。由於當年的曲不設譜或往後失傳，只餘詞牌名字、及當中可尋的字數與平仄，作為填寫新詞的依據。因此，若以現今對曲、詞配合的定位觀之，詞牌首作之後，續填新詞者、皆可視為二創。

我小時候看的戲曲電影，源於廣東戲棚粵劇。按照傳統做法，曲的部

份經由樂師口耳相傳，每段各有名稱、一如詞牌，而劇作家則按劇情及節奏所需、選取曲段，再配合填詞，讓老倌在台上唱出戲文，配合互動走位演成劇目。由於曲目在不同劇目中、通用一如選擇詞牌，因此單純衡量歌詞與曲的配合方法、亦應可視為二創。

其後的媒介時代，先有把歐美歌曲二創填成廣東版本、如〈飛哥跌落坑渠〉，再有日本、台灣原創歌曲給「翻譯」成廣東歌，讓歌手有更多登台獻唱的選擇。張學友早年的〈月半彎〉和〈輕撫妳的臉〉即屬此類，嚴格而言本屬二創。等到互聯網興起，人人可把二創往網上推，詞壇的再創作，更是方興未艾。

個人覺得，二創其實大有可為。一則這是文化承傳。詞牌的傳統，在廣東歌中流傳下去，何樂而不為？二則在現今世代，若想成功二創，原曲先要耳熟能詳，新詞又可另闢蹊徑，這又是一次文化碰撞，更可讓本來未必懂得原曲的年輕一代，可以按圖索驥，追尋原曲原意及流行背景，從而達致隔代相傳。

個人以為，只求「啱音」的二創填法，仍然只是起碼要求。作品也難以擊出很大的漣漪。要二創得有餘韻，在選曲之後、以與原詞近似文

字或韻腳等下筆，做成似是而非的「共鳴對照」，可以更加有趣，亦可以引領聽者比較原曲當時的背景、對比新詞當下的現況，藉此放大新詞的意義。

以下是我最近的一些嘗試。

〈沒有人〉
原曲：“Sound of Silence”

寂靜發放的聲音
如沉沉默默的黑暗
明明從現實看見的抖震
遺留夢內欠缺的公允
明明在發聲　是多麼多麼近
聽到吧　然而回覆　沒有人

在夢內你我一拼走
路上地上的光暗
尋尋覓覓靠理想牽引

沿途滴汗有太多足印

重重的街燈　被烽煙遮灰暗

祇要問　然而回覆　沒有人

逐漸你我他更多

在地上集合中走過

然而陸續聽到的廣播

原來問或答也他一個

人群在唱歌　問今天怎麼過

聽到吧　然而回覆　沒有人

靜默引發的心魔

是諱疾忌醫的錯

誰人並沒有退縮過

誰人並沒有覺醒過

然而就算可　把聲音都響破

仍然　回覆　沒有人

另外有太多叫聲

自問自話般呼應
仍然活在過去的光景
仍然未自覺作出反應
然而在這邊
圍牆上一早寫出新方向　各種寄望
然而　回覆　沒有人

〈柔弱心聲〉
原曲："Speak Softly Love"

柔弱聲音說出我心底裡的話
從這口中愛終於得到證實吧
而這世間　誰人又懂
如何的愛是減去秋冬的仲夏

酒醒酒醉　心不放下
月短夜長　迎上前吧

柔弱心聲到底怎麼公告天下

雲淡風輕每天彷彿消散落霞
人會老死　心也念掛
柔情中每段溫暖心底的夢話

酒醒酒醉　心不放下
月短夜長　迎上前吧

同渡歲月說出這生想說的話
無論世事怎麼變遷不須驚怕
時日似飛　總要代價
靈魂的對話抵抗世上的風沙

7.

邁步向前

1983 年從香港電台電視部鐵飯碗轉到新藝城 by project，潘源良並非沒計算，自嘲密底算盤。「太太任職政府工（當時已婚），容許我放膽外闖。我當時亦相信跑到外邊若有閃失，自己是有得返轉頭的。」

新藝城太吸引了，那年頭搞創作的誰不想加入？「經濟暢旺，集資容易，新藝城便來自九巴家族資金。商家賺到錢，樂意投資電影。新藝城挑戰龍頭邵氏和嘉禾，擅長把喜劇元素香港化，例如石天《滑稽時代》（1980）成功移植差利・卓別靈《摩登時代》（1936）有笑有淚。」潘源良憶述：「麥嘉、石天和黃百鳴三巨頭外，還有徐克、施南生、曾志偉、泰迪羅賓等主將。」入新藝城難不難？「做到就不難。」

當初，泰迪羅賓和章國明炮製出《點指兵兵》（1979），叫好叫座，駕臨中文大學開見面會（其時不流行戲院演後座談而要另外擇地擇日分享），潘源良尚是中大學生，順便去，聽落津津有味，散會後齊齊坐火車出九龍，談得投契。事隔數年，潘在新藝城被編入泰迪羅賓一組，恰恰正與章國明籌備新戲，以為終於有緣合體出擊，可惜要求太高、一直難產。另一邊，麥嘉本授意梁普智執導一套現代版的《白蛇傳》，開拍後卻嫌梁普智香蕉仔文化水土不服，換由林嶺東接手，後來演化成靈幻愛情經典《陰陽錯》。公司另開一套適合梁普智的《英倫琵琶》，計劃赴英國拍攝，泰迪羅賓監製，潘源良跟隨轉組、調往做副導演及編劇。影圈就如此充滿偶然，「我細心聽 Po-Chih（梁暱稱）講佢熟悉的倫敦特色，慢慢嵌出個故事。」他喜歡用「嵌」形容，一邊度橋一邊適逢林子祥和鍾楚紅有檔期擔綱演出，水到渠成。

電影，的確是鑲嵌出來。

1983 年，《英倫琵琶》實地考察和取景，深秋月餘，遊遍海德公園和阿爾拔堂等地，開闊了潘源良眼界，建立了與林子祥深厚友誼，此後在音樂上合作無間。倫敦橋上奔跑一幕配上潘填詞的〈邁步向前〉更成 MV 集體回憶。「我們租直升機拍的。」換著現在港產片未必這樣花心思。

上、《英倫琵琶》拍攝現場。下、與梁普智繼續合作《補鑊英雄》（1985）。

論成績，《英倫琵琶》評價不俗，但由於新藝城商業形象濃厚，文青看不上眼，普羅觀眾則寧取同期低俗喜劇《青蛙王子》（鍾鎮濤主演），於是票房與獎項都兩頭不到岸。潘源良說：「業界當時仍處於摸索階段，例如台灣認定電影一定要是文藝片，你卻估不到楊德昌《海灘的一天》竟由新藝城出品。香港金像獎初期亦在藝術與大眾化之間搖擺不定，那一屆最佳主題曲是露雲娜〈戚眼眉〉（電影《俏皮女學生》），〈邁步向前〉連提名都沒有。」

無論如何，潘源良仕途平步青雲，新藝城有意簽他（之前屬 by project），內定向著導演之旅進發。可是與此同時，岑建勳、陳冠中等與富豪潘迪生籌辦德寶電影公司，邀得林子祥加盟，潘源良轉投德寶一心拍林子祥，未竟，陳冠中手頭有個大綱想拍香港版 *New York, New York*，俞琤屬意由達明一派主音歌手黃耀明初試啼聲，剛巧潘源良與黃耀明識於微時 …… 說來說去，一鳥在手勝過百鳥在林，再升一級做導演頗困難，所謂內定亦只不過內定，沒必然擔保的，期待林子祥不知猴年馬月，潘源良接過陳冠中大綱，一嘗執導滋味先算，於是有了後來《戀愛季節》（1986）。

潘源良曾說，由投入宗教熱誠的《齊唱新歌》和《突破時刻》到加入新藝城，他的人生整體樂觀向上，猶如歌名〈邁步向前〉，直至執導《戀愛季節》。或者，人懂得愈多，位置愈高，正是憂患之始。

演出《英倫琵琶》後，還開展了客串幕前演出之路。

與泰迪羅賓在 Film Mart 賣橋。

潘記7　**新藝城的快樂時光**

拍《英倫琵琶》的日子，可以說是我的 "Days of Heaven"。

我感謝上天，讓我先在麗的電視昏天閉日地，學習最基礎的製作精神與「執生大法」，再經過港台電視部從裡到外地，把想法寫成劇本再執行成視訊的全面體驗，令我踏進新藝城的時候，就算怯場，也不至於從頭學起。而事實上，梁普智對倫敦滾瓜爛熟，我敢問他肯答之下，雖未踏足英倫，我也有了足夠的材料與信心去寫劇本。而泰迪羅賓和林子祥，與我相熟之後，更加電影歌曲雙線合作。在未曾出發到倫敦拍攝之前，已經充滿期待。

到了倫敦，我們劇組住在 Victoria 車站附近的酒店，跟主要拍攝場景的 West End 不算近卻也不算遠。前期籌備要到那邊看景與開會，我都愛步行來回，到處逛到處看。等到正式拍攝，想不到竟然是有假期的，工會指定每週不得開工超過六天！這與香港日以繼夜生活顛倒的拍片生涯截然不同。由於籌備妥當、拍攝暢順，收工後私人時間充裕，買本 Time Out，就可以計劃自由活動。我和 Lam 便曾經約好一起去看過 double bill 午夜場。那時電影院非常興旺，半夜直落兩場舊片重溫。記得那次第一部是 Dustin Hoffman 主演的 Lenny，之後休息十五分鐘，觀眾再一次啤酒玉米花落肚後，入場接續看 Raging Bull。完場後步出戲院，某些地方已經聞到早餐咖啡的味道了。

那是 1983 年的冬天，我第一次看見下雪。

〈 航行者一號（我的軌跡）〉

離了地平線　我出發了
宇宙寬廣　我不比月球孤獨
44 年　200 億公里　說明了
我們關係的糾結

某種引力把我牽走　從此飄向未知的未來
也合該　引力何處不在呢
家鄉不甘成為概念
目的地　卻只有不斷的追尋

途上我看到的
待你也看到
或已是許多年後
千里共嬋娟　嬋娟也白頭

我看到
可以笑的話　不會哭
我看到
仍然能擁有夢想跟前途
我看到
莫問昨天的好　今天怎麼不出現
我看到
如流水　歸滄海　從雲端　再降下來
我看到

法官黨委親友老細街坊神父回家去

我看到

成敗那會似友情能令人敬慕

我看到

憑著愛　我信有出路

我看到

餘震是困在痛苦中　一絲興奮

我看到

到底一灣的清水　等於幾多苦惱眼淚

我看到

大眾議論到這三位少年　亂說亂說　愈說只有愈遠

我看到

誰人是我一生中最愛　答案可是絕對

我看到

幾多笑與淚　給光陰沖去　幾多愛與夢　永遠亦伴隨

我看到

繼續唱　繼續找　總會找到方向

命
就是
前進　發現
不回頭

途上我看到的
待你也看到
或已是許多年後
千里共嬋娟　嬋娟也白頭

（如今影視小説常有「穿越」橋段，我小時候卻一直覺得，當自己沉醉投入某些古人的作品時，就已經是穿越時空、與作者契合相見。而我一直認為這是科學地真確的。在 TVB 新聞部時，我曾經寫過這艘飛船的報導：1977 年出發、目前仍在探險中……）

8.

一片導演

一片導演

前節提及,《摩登時代》本地化變《滑稽時代》,乃香港業界常用方式,不一定等如抄襲,特別是在「全球化」之前的年代。歷史發展下來,奠定了某些典範,或稱「類型電影」。市道暢旺,急需穩定供應,有個藍本,不致由零開始,不怕埋不到尾,圈中容易溝通,一講即明。反過來,對於圈外觀眾而言,當年瀏覽外國舊片渠道較少,例如《忠義群英》(1989)仿照黑澤明傑作《七俠四義》,卻不構成甚麼宣傳噱頭,也無需討論可比性,純粹方便執行。

回頭說,潘源良接過公司給他的電影大綱,理解成年輕兼且港版的 *New York, New York*,青春 + 音樂,一對戀人在追尋理想的路上從結緣到分手。

陳冠中原設定男主角佻皮活潑，但擔任策劃的俞錚計劃起用黃耀明，潘源良與黃熟稔，知道不可能扭曲氣質，唯有大執劇本。女主角原設定為純情玉女，德寶簽了羅美薇與李麗珍，明顯前者接近，潘反其道，既然男主角靜態，女主角寧取動態產生化學作用，選了戲路較反叛的珍妹。

與大家所想相反，潘源良並非一早指定李麗珍，本希望女主角親自演繹片中歌曲（結果由方心美幕後代唱），方心美能唱不能演。黃耀明已屬新人，要李麗珍經驗豐富去補足。

總之，電影就是不斷的協調計算。如果任潘源良揀，他心目中處女執導會是由林子祥擔綱，戲橋都齊備了：阿 Lam 分飾澳門神父與香港黑幫孖生兄弟交換身份。但德寶負責人岑建勳說：「你第一次，怎給你巨星？不如拍後生仔女先啦。」

三個月完成，時間和開支準確達標。潘源良憶述：「走景都趕，慶幸沒失算。開了四十組，以文戲來說差不多，當年人工較平，方便資源分配。今時今日縮皮為十幾組，雖然數碼器材方便，但也彌補不了時間壓力，現在借景亦比從前困難。」誰說世界必然進步？

以新人拍文戲來說差不多。

筆者印象深刻一幕抬著小艇擋雨散步、一幕影子舞，以為即興神來之筆。潘源良解謎當然不是啦。但少年的我一廂情願。所謂青春電影就是這樣，《戀愛季節》得箇中三昧。1986 年，潘導演也只廿八歲。

「拍了 180 萬，票房 180 萬。」打和？「Long run 賣影碟賣電視播放一定賺。上畫一星期，頭兩天與尾兩天票房相若，中間跌過之後反彈。此情況，一般會跨入第二週的。」結果無？「也聽到過一些傳聞，說公司故意要拉下來，不過又何須證實呢？……正場最後一晚，我在戲院遇見陳冠中，他鼓勵我。三個月後，陸續在早場放映，我 check 過，頗受歡迎，愈發證明真太早落畫了。」

世事曼德拉效應，《戀愛季節》主題曲 "Kiss Me Goodbye" 唱通街，無法相信它映期這麼短。潘源良說：「曼德拉效應還有：〈邁步向前〉其實沒正式出現在《英倫琵琶》的跑橋片段，片中僅奏出林敏怡的純音樂，大家可能受卡拉 OK 畫面混淆記錯。而〈最愛是誰〉也並非電影《最愛》的主題曲，張艾嘉另一首〈最愛〉才是。她也是該片導演、親自請李宗盛作曲的。」

當年媒體百花爭艷，會自行互動。如果預先考慮周詳再配合，市場迴響可能更大。

「監製岑建勳看過毛片，話黃耀明『懨型』，又話我私自改劇本，提到要找人補拍。其實最初是岑建勳和俞錚搵黃耀明的，我每天拍甚麼、改動過的劇本，也有呈交上去。結果只有午夜場播出過我原版，那版本後來我送了給電影資料館。岑找人另拍，換了一個 happy ending，有俞錚出鏡，男女主角在錄音室重遇，拖手去栢麗大道 —— 是為正場所見版本。

「類似的被逼改動，《胭脂扣》最著名，據說監製成龍睇到打盹，嫌女鬼如化不識飛，幸好導演關錦鵬頂得住，保持原貌。」

潘源良導演路到此暫不通行，起初沒想過一停四分一世紀，他續與各公司傾 project。「度著度著，拖著拖著。曾經有個構思：一對情侶，男生被殺。一般鬼片的鬼很猛，我的設定則很弱，只能默默學習做鬼、守護女方及尋找真兇⋯⋯嘉禾何冠昌感興趣。然後你懂的，荷里活《人鬼情未了》（Ghost, 1990）竟撞橋撞到應，就沒下文。人同此心，劇情片被佔先機便蝕底。

「一般講時空旅行是不可改變因果的。我幫梁普智編《補鑊英雄》（1985）便想出一個可改變因果的，詎料《未來戰士》（The Terminator, 1984）面世在先，人家以為跟風。信不信由你，〈愛到分離仍是愛〉（1992）歌詞內容若拍成電影的話，我還與《情留半天》（Before Sunrise, 1995）撞橋。

「我條命如此。」

不認命，潘源良仍涉足做副導演（如《神奇兩女俠》1987）及編劇（如《衛斯理傳奇》1987 及《郎心如鐵》1993），之後又常與新晉導演如郭子健等交流心得。種種努力，讓他一直熱身充足，於 2011 年再次接下導演火棒。謀事在人，成事在天。「《出軌的女人》能上馬，全賴快刀斬亂麻，沒想太多。」潘源良吸取教訓。

失之東隅，收之桑榆。填詞豐收，令人以為他不志在，自身不夠積極爭取，亦是他電影工作停滯原因。緣起《戀愛季節》，戀李麗珍導致離婚，牽絆半生，更影響長遠。

潘記 8　**從林子祥張國榮說起**

正式進入電影填詞雙線發展之後，我又遇上不少奇人異士。

許多的天皇巨星，其實都有非常可親的一面，跟他／她們公事上合作，或者間中難得地一起抽空消閒一下，都是具體的生活，從沒必要投射到虛榮的角度。就像林子祥喜歡車，那次我告訴他我考獲駕照了啦，還買了部二手車，他就連隨要我領他去看！還上車坐到駕駛座旁，要我載他繞兩個圈，看我開得夠不夠安全。

跟張國榮第一次見面時，他剛剛替香港電台《香港香港》演出單元劇，之後和編導等幾位工作人員約好看電影。我當時沒拍過他，卻參加了

看戲的活動。那是 1981 年版本的 *Rich and Famous*（應該是 1982 年在港上映吧），George Cukor 導演。看畢大伙又去喝茶聊天，他知道我從麗的出身，格外親切。之後再遇已經是數年後在錄音室，我為他寫了〈妳在何地〉。他記得我，還聊到原來大家都喜歡打羽毛球，於是即席約好翌日下午在荔枝角室內場打。當時他已經很紅、也應該很忙，我沒想到他真的會出現，雖然似乎趕得滿頭大汗。後來才知道因為之前他去剪頭髮、還試著染成紫色，但趕來打球就來不及吹得乾透。「哈、反正打球也會濕掉！……」他說。結果他的白色運動上衣，整個肩膊到胸口的部份都染了由淺入深的紫色！那是我今生印象最深刻的一場羽毛球玩樂戰。遺憾是當年沒有手機打卡、也沒有預備相機拍照……

梅艷芳錄歌會遲到。唱片監製早就提醒過我。但我一直以來都認為寫歌詞交稿的一刻只是完成了一半，若沒有聽到歌手演繹，從而修飾到最適合的字句表達，填詞人的工作還未算真正完成。於是我加入了等待者的行列。由為她填的第一首〈妄想〉，到之後的〈抱緊眼前人〉、〈回頭已是百年身〉等等每一首，等待已成習慣。有時監製避免尷尬，就沒有通知我，待錄好之後找我聽。可是，在斷續零碎的等待中，每次最後等到她來了、等到她站到咪高峰前開口唱了，那在現場聽到的

歌聲，是叫人無比滿足的。因為她已經預備到最好、才會出現！有些歌手很準時，但對音樂與歌詞都沒能消化，就進入錄音室，結果是靠錯誤嘗試再嘗試，來剪接出完成版本。但梅艷芳錄音的聲情並茂，讓人沉醉不已。唯一條件是：要等到她出現。有時是下午等到深宵、有時是這天等到那天。拍攝《亂世兒女》的時候我發覺，她拍電影很少遲到，也很樂於配合其他工作人員。於是我想到，從小就在歌壇長大的她，對於自己的聲音、演繹時需要的感情狀態等等，其實瞭如指掌。只是，怎樣才算準備得最好？這又會否造成壓力？如何繼續尋求突破？每次唱歌，敏感的她、都等於是向自己再一次提出挑戰吧。這或許就是她所有遲到的理由。

1984 年，我跑到台灣去幫一位朋友籌備一部短片，出發前知道，擔任美術的是張叔平。早在看譚家明導演的《愛殺》（1981），對張的名字就有印象。但我在台灣協助的是一個農村故事、跟《愛殺》的現代美感大相逕庭，當時我就很留心，希望從他的工作中學到一些甚麼。張叔平不多言，一張嘴似乎主要只用來抽煙。但那種成竹在胸、從容不迫，給人很大的信心。由於是年代片，而且不是在熟透門路的香港處理，大部分材料都是從台北片場美術部找來的，看上去好像都不能用 …… 衣服太光鮮亮麗、道具物品非常兒戲。但他很清楚自己／這電

影要甚麼。利用租住屋的洗衣機，他和助理把一大堆衣服染出肌理、又逐件道具明確地要求了修理。他還懂得親自為演員剪髮定粧。某些在鏡頭前不許差池的物件，他在拍攝的小鎮逐家逐戶拍門去找、找到就借回來。那天他一口氣借了四十多個鄰居們的舊鬧鐘回來，每一個都彷彿滴答著各自背後的故事。之後在不同的劇組不同的歲月，張叔平培育了一代又一代的美術人才 ……

一年多後，《戀愛季節》恰巧跟《最愛》差不多同期拍攝。籌備時兩組協調，張叔平幫忙在我們這組開展角色造型前期工作後，便會轉到《最愛》那邊跟進拍攝。我們組開始選景，便引入黃仁逵接手美術工作，因為黃剛完成爾冬陞導演的《癲佬正傳》。

開始跟阿鬼（黃暉稱）商討及籌備時，有某種獨特的趣味，因為他喜歡問問題、單刀直入。我必須摸清方向，提供明確的想法，然後再作討論。其中有一場要拍越野汽車比賽，香港其實缺乏這類場地，能找到可以改裝的，只有石澳石礦場。但由於周圍碎石大石依然很多，要設計出可觀的跑道極受限制。阿鬼當時問我想點。我望著本來給大貨車用作運送石材的斜坡路，勉強可以拍一段開跑。可是再接下去，其實四周都是石壁、無路可接。於是我問阿鬼：可以用黑油把這石壁底

部漆成一個隧道入口的模樣，讓飛車駛向隧道、再接相反方向衝入假山洞嗎？這樣的話，越野車剛出發比賽的勢頭、就可以延續下去……這是我第一次看見阿鬼的這個眼神和微笑。他點頭同意之餘，還特意在車道兩旁樹立了串起的紙三角綵帶、引向黑色油漆畫成的隧道入口，製造出車道窄長的距離感。得天氣之助，拍攝那天黃昏特長，暗晦的殘陽令隧道看上去更立體……

阿鬼這個眼神和微笑之後我不陌生。那代表他享受創意的轉念之間。他作畫、他玩藍調、他寫散文故事劇本、他拍攝、他創作。他喝酒。他交朋友。他住跑馬地的那層舊樓時，我也搬到了灣仔。之後我們又先後住進了天后。他和一些朋友開始了「初一十五詩會」的相聚，給我在《有辣有唔辣》的舞台上借用了。他且願意幫忙彈吉他，為我那些二創歌曲增添了獨有的色彩。

說到詩會，某次我喝得差不多的時候、寫了這幾段。給生命中幸會的每一位……

" Stories "   〈 故事 〉

For you and for me,   你我也一樣
There must be a few stories,   總有故事在心上
Some are sad, some are happy,   有快樂，也有悲傷
To build up this life's history.   把生命一段段延長

Childhood memories,   童年的印象
Youthful fantasies,   年少的輕狂
Mistakes and yet some victories,   在碰碰撞撞當中成長
To pave the way of what we're gonna be   把我們帶到現今的方向

Your past I cannot see,   看不清你的過往
The future is a mystery,   未來像謎一樣
But for this present chapter of your story,   你的故事，最近一章
Thank you, for consisting of me.   謝你寫上有我這一行

潘自拍的黃仁逵。

9.

花開花落

《戀愛季節》之後，電影與填詞工作仍一直同步進行，只不過後者始終較簡單，密密閉門造車就多人識。潘源良統計至今約 1000 首，不算多，八十年中至九十年代中是盛產期。他說：「市道暢旺，監製和歌手樂於嘗試，有時講明要情歌，交非情歌亦接受。」

潘源良尤攻主打歌。如果只能選一首代表作，譚詠麟你選〈愛情陷阱〉、王靖雯你選〈容易受傷的女人〉、郭富城你選〈我為何讓你走〉，都來自潘手筆。「先聽出曲風特點，思考歌手路線。我們那一套，還是順著旋律流向，上文下理起承轉合，音樂與文字互為表裡，一加一可以等如三。」〈我為何讓你走〉的重心句旋律似詰問，他便填上「我為何讓你走」，而且適合重複

使用，像主角不斷自責，貫徹主題。

有不是如此作法嗎？「有，舉例〈明年今日〉（林夕詞）便沒扣緊『明年今日』主題，它『離開你六十年』又『但願能認得出你的子女』，只是『明年今日』四個字填得『應』，原來這樣都可以。不是要評它好壞，也不關年代，作品是成功的。只不過我不慣。其實林夕寫詞不太可能離題，我猜可能本來另有歌名（主題），但因為這四個字太突出，唱片公司就因利乘便、用作歌名了。」

1000 首中，行貨一定有，潘源良說，曲調本身平淡，連累靈感也下降，他盡力起死回生，一般不會退給唱片公司。太揀擇的話，大家都難做。

好詞源於好曲，改編歌乃信心保證，因為 cover version 已經證實流行。八十年代尾商業電台鼓吹原創運動，原創是未經證實的。「這運動幫到本地作曲家，但的確有些幾尷尬、未夠班。另外就容易出現『抄襲當原創』的疑雲。」

原創大 hit 有利收入大增，cover version 只獲一筆翻譯費。當日看似全行對原創運動一致贊成，事過境遷，便不單潘源良，歌手巫啟賢也曾向筆者質疑

潘源良　周禮茂　林振強

它剝奪聽眾接觸外國音樂機會，不接觸，沒比較，就沒進步。

無論如何，黃金期百花齊放。「歌手多，產量多，需求大，填詞人自由度大。」自由之餘，究竟怎分工？潘源良說：「江湖傳聞，想古怪天馬行空就找林振強，想慘情就找我。」還有瀟灑雄渾前輩如黃霑和盧國沾、擅寫自傳式的小美⋯⋯一時多少豪傑。

「九十年代尾起，商台累積原創運動所建立的聲望，叱咤樂壇流行榜江湖地位拋離其他媒體，足以影響樂迷口味和唱片銷量。林夕和黃偉文正好任職商台，便彷彿構成壟斷，其他詞家忽變無人問津。

「不用明文規定要找誰的，所謂市場主導 —— 金曲名次視乎播放率，搵商台自己人填，商台無理由不播吧，一條龍服務。唱片公司懂計數，搵別人填，無謂冒險，驚輸心態，所以林夕和黃偉文往往包起全碟來填，甚至鬥破每年產量紀錄。而產量多，又自然成潮流指標，因為沒其他標準去challenge。」

歌手們會喜孜孜說：「好開心請到 Wyman ／夕爺幫我寫歌呀！」昭然若揭。

潘源良續道:「九七亞洲金融風暴,電影市道收窄。估不到歌詞也受影響,大多數行家接不到電話收不到 demo,像突然與業界無關。我們並非無貨交,是無人搵。99 年,我到有線電線評述足球,開展多一個工作領域、也是可靠地支持生活。」

99 年,筆者任職《壹週刊》訪問潘源良,沒透露有此苦衷,只當浪子貪得意做講波佬。他說:「當時我不想似個被淘汰者去投訴甚麼。今時今日事隔多年,回頭看,好彩獨攬的是林夕和黃偉文,已經算香港一種祝福。後來 TVB 做個辦你睇,可以壟斷得更加肉酸。

「我們那一代詞人,受霑叔、鄭國江『界位』給我們公平競爭,賺過許多年生活。輪到林夕和黃偉文接棒、也是我們欣賞的,只能接受,花開花落。」

值得補充潘源良對爭取業界權益的貢獻。

樂壇急速發展,但香港在版稅處理一直未與國際接軌。華資如娛樂唱片公司,東主劉東夫婦甚至以封利是代替拆帳。潘源良說:「他們又不全錯,像馬戲班,我們空中飛人不必管票房,賺蝕由班主承擔,封 $2000 一筆過,省卻對數手續,絕對是免傷和氣。但香港走向都市化和電腦化,萬事方便透明,應

該與時並進。」

當年慣例，唱片公司先保留一半版權，其餘 50% 由作曲及作詞人各半。換句話說公司永遠佔大部分。作詞業界曾於八十年代在佐敦聚餐商討，坐了兩圍，夾錢請律師要求修例，卒因部分成員本身與唱片公司關係千絲萬縷而作罷。後來，潘源良與林振強、周禮茂成立「三筆管」（1993-1997）代辦自家版權，之後其他行家紛紛仿效。

潘源良亦擔任香港作曲家及作詞家協會（Composers and Authors Society of Hong Kong，簡稱 CASH）理事長達十多年。「CASH 於華人社會屬於罕見成功例子，其他地方類似組織容易鬧分裂或私相授受。香港勝在公平、企理。不過，將來變大灣區，就不知道了。」潘源良說。

潘記 9　**懷念霑叔**

寫廣東歌的詞人到底不算很多。前輩如蘇翁，多得黃志華兄介紹，也曾碰面聊天。電視年代的三位泰斗：盧國沾、鄭國江與黃霑，有幸也曾親領教益。八十年代詞人湧現，我算是適逢其會。到了千禧年後，看似淡出詞壇之際，卻遇上了梁栢堅、彼此交換了聯絡。沒想到某晚我從灣仔晚飯後剛開車進入海底隧道，便接到栢堅電話，說他們一班後生在銅鑼灣相聚。於是原路來原路去，出了隧道又折返港島。從此隔三差五，便會跟這群詞壇新勢力不定期碰面吃喝聊。

香港詞壇有個不成文祕密：假如對閣下詞作並不欣賞，是不會主動邀約碰面的。那不是作品多少或流行與否的問題、而是對作者「詞格」

的判斷。因此，新生代肯約我這個老鬼聚會，我當然老懷大慰、火速前往。

如是者，七、八十年代計起，香港詞壇跨代老中青，我都有機會一一認識，這確是我的福份。雖然有一些前輩已經離世，只能從他們的詞作、及交往的回憶中反覆懷念。

露叔很忙。只會在一些頒獎禮或盛會場合跟他匆匆碰面問候幾句，我壓根兒沒想過會約他單獨見面。直至 1990 年初，得知他的公司結束了、更和多年一起的女友分手了，難免失意吧。於是我大著膽子約他喝茶、關心一下。他比我印象中清減了些，但依然中氣十足、笑聲不減。其實我甚麼安慰的話也不懂講，只是問些日常事。他坐定之後，看通了我的來意，反而好幾次叫我放心。之後天南地北，他確實有無盡的話題：音樂、電影、書、香港……許久之後我才發現，那次找他或許在潛意識中我是為了自己：我在事業、感情的濃霧中，渴望著一個男性形象的指引……那次喝茶（其實是咖啡）我們談了兩個多小時，但黃露面對艱難的正面反彈力，讓我畢生受用。果然很快他便重回正軌。《黃飛鴻》系列的電影配樂令他名利雙收，〈滄海一聲笑〉、〈男兒當自強〉再創經典。多年後我和林夕、羅大佑到他家中作客，

他一邊吃草莓冰淇淋一邊說，心願是完成博士論文。我當時沒聽明白。
霑叔的追思會在香港大球場舉行。到場的市民接近滿席。《蘋果日報》
找我撰寫了這樣的一段，刊在頭版紀念他 ⋯⋯

親愛的霑叔：

**你從沒有叫我們效法你，但在過去的幾十年，我敢說，每一個活在香
港的男人，都在學你。只是我們都不像話，我們都學不到你。**

**你是創作界的馬拉松健將，又是十項全能的巨星。你卻從不自滿。你
好奇，你博學，一次又一次將藝術與人生領悟交融為示範作品，讓我
們學著模仿。**

**你讓我們見識到，瀟灑並非不食人間煙火，創作也不是自鳴清高。一
切世俗的悲歡愛恨，正義豪氣，都有不容抹煞的位置。風流快活，無
須忌諱。天南地北，盡在一心。錢銀女人，可以迷戀得有情有義。**

**我清楚記得，那次你與熱戀多年的女友分手後，在咖啡室中，清減的
面容裡依舊豪邁的笑聲。**

我清楚記得，你曾鬼馬地告訴我，與女友在車中百厭時，一腳撐破了車頭玻璃的風趣。

我清楚記得，你仍舊對電影神魂顛倒，希望再執導筒，拍一部關於香港的音樂劇。

我清楚記得，你說每次駕車在東區走廊看到香港的日落景致，就感到舒泰。

我清楚記得，你建議我假若歌不是寫得真的好，就『揼 X 咗佢』。

我從沒有認真地想過死亡，但你和 Richard 的先後離去，令我渴望相信，某時某地，我們終會再遇。

我們都學不到你，就更加忘不了你。

10.

與有榮焉

潘與恩師鄭國江。

粵語包含九種聲調（或曰十種），所以廣東歌詞特別難協律，但正如潘源良說一旦填得「應」，配合音樂效果相德益彰，1+1=3。粵語填詞人受重視，比起外語歌，我們乾脆少留意文字作者。

1974 年，號稱第一首電視劇主題曲〈啼笑姻緣〉誕生（存在爭議因麗的映聲劇集已有片中曲），請來粵劇名家葉紹德為顧嘉煇創作的小調譜詞，詞風古雅，但據聞編導王天林不滿意，直至首句填出「為怕哥你變咗心」，才拍板通過。既為 Cantopop 開山之作，別具啟示。潘源良推測：「應該是故意突兀。隨便改成『為怕哥你會變心』何等容易，一定遷就得到的。但它似乎為增加化學元素，起用唱慣英文歌的仙杜拉可見一斑。而音樂本身小調，歌

詞也完全古色古香的話，形同粵曲，就稱不上新時代流行曲了，所以我估計王天林希望破格，猶如 fashion show 的衫總要有點怪，帶實驗性質。

「摸索期，勇於嘗試。許冠傑的情歌文藝之餘保留俚俗（如〈夜夜念奴嬌〉的『痴得好緊要』）。鄭國江填〈分分鐘需要你〉的『有了你開心啲』原可以避免，卻更添情趣。直至我替林子祥填〈師傅教落〉（1985）也有『寧願瞓早啲聽朝早啲到』。」

但整體發展，書面語漸成主流——Cantopop冒起，廣東口語卻淡出於歌詞，豈不弔詭？潘源良代表作〈最愛是誰〉便全面散文化，加上標點符號根本一篇清通白話文。潘源良說：「追求品質，大家沒說出口，人同此心，歌手、詞人以至聽眾皆覺得這樣高檔一些。並不彆扭，書面語之於歌詞像黑白照片或水墨畫，正常世界是彩色的，猶如我們口語很多廣東話字，但誰都對黑白不陌生，誰都懂用單色線條表達實物，甚至通過『減法』令藝術意境提升。書面語填詞正正近似減法。」也令 Cantopop 走向大中華，各地華人未必懂講粵語，但讀得明歌詞，繼而跟著唱，發揚光大。

近年本土派標榜用廣東話填詞（雖然甚少發表成商業作品），古老當時興，算否開歷史倒車？「我覺得無所謂，用得好就得。仍以畫為喻，這就像連環圖。」

九五年探訪林家。玩得太劇烈、沖涼後穿了他孩子的 T 恤。

潘源良續道:「正因香港文化長期放任自由,風雲際會,造就了一眾奇人。」說的是詞壇三祖。「這麼巧,黃霑特點在『真』,瀟灑自然。鄭國江特點在『善』,描繪人性本善,宣揚和平。盧國沾特點在『美』,遣詞用字之美,結構之美。固然互相補足,卻的確開創三種境界供後輩接力。我無法解釋,像夾定,若干年後,電影界的三枝旗 —— 周星馳的率真,杜琪峰探討江湖道義,惡中尋善,王家衛的耽美更不必說了,恰恰亦齊備『真善美』。」

潘源良入行之際,電影主題曲超越電視主題曲更吃香,潘也以此成名。不過,王靖雯〈容易受傷的女人〉和徐小鳳〈婚紗背後〉分別成為劇集《大時代》(1992)和《流氓大亨》(1986)的插曲,則另有內情。「〈容易受傷的女人〉是首歌 hit 起來,TVB 覺得跟劇中藍潔瑛角色脗合,才挪用的。〈婚紗背後〉亦然,先紅了歌,劇組專登增添教堂場口來配合,拍出劉嘉玲望著萬梓良和鄭裕玲結婚的無奈,情景交融。」

意即〈婚紗背後〉是憑空創作 story board 來寫的?

「是,挑戰自己。我、林振強、向雪懷、盧永強都喜歡自行構思故事。受電影感啟發,電影盛世影響了詞壇,所以我說文化是互相碰撞。」

電視武俠劇式微，潘源良 1994 年仍填出古色古香的〈望月〉。之後再有〈葬月〉，作為張學友舞台劇《雪狼湖》歌曲，潘源良說：「正因有了文化承傳的氛圍，就算有劇情限制也一定交到貨。」那是其中一首滿意之作。

香港原是福地，承先啟後。潘源良如何在詞壇自處呢？

「太新的無得計，成熟填詞人使命必達，同一首音樂落在不同行家手裡，主題容或變化各異，基本水平一定做得到，不存在誰可以完全獨霸，但詞人延續性不由自己決定。你要有不斷推出新歌，市場才知道你在繼續寫。惡性循環，許久沒出，製作方會考慮：後生樂迷還識不識潘源良呢？會否誤以為是舊歌呢？商業電台及其創作人一條龍服務壟斷後，我零星地偶接到歌，張學友〈寂寞的男人〉（1999）、張敬軒〈餘震〉（2006）、陳奕迅〈超錯〉（2010）都 plug 過，已連不起個勢。我聽過有人說非林夕、黃偉文的、就沒興趣聽了。過度崇拜並非健康現象。不過還是那一句，給林夕、黃偉文壟斷，總好過給些無謂人壟斷。」

2015 年，潘源良化名「袁兩半」替陳奕迅包辦全張《準備中》大碟，一起到台灣錄音（視乎實際唱法即席修改歌詞是時有之事）。這個化名乃公開秘密，把「袁兩半」當做港式英文名字行先姓氏跟隨即成「源良潘」諧音，究竟所為何事？「我對外宣稱，因為潘源良老了，換個名字博大家當作新人看待。」今

次解謎:「其實是,2014 年製作期間,佔領中環運動,流傳黑名單演藝界中人不能錄用,我榜上有名。我份人知無不言,為免牽連 Eason,經商議後落化名。事情不久獲解決,試過水溫之後,弄清楚潘源良無問題,我亦真的沒在佔中公開發表甚麼。所以『袁兩半』很快不怕穿煲,外間以為搞噱頭。」

路不易行,懷念昔日百花齊放。

筆者故友林燕妮曾相告,她亡弟林振強(1948-2003)沉默寡言,生平唯潘源良等二三知己投契。潘何嘗不如此?與人寡合。1985 年,潘源良出席 APU 第一屆亞太區流行曲創作比賽,才首次結交行家,也首次見到林振強。林振強以〈空櫈〉(林敏怡作曲由夏韶聲主唱)獲冠軍。

一見如故,靦覥的林振強主動攀談。「之前林子祥提過『Richard 好欣賞你』,我不知哪個 Richard。」潘源良憶述:「當時林振強對我說:『你咁得意,填詞不用橋;我就專玩橋。』那時他正職返廣告公司,告訴我得閒可以約食晏或飲下午茶。我就常常去和他聊天。」

關於橋,潘解說:「振強好多橋,〈追憶〉、〈笛子姑娘〉和〈摘星〉等,很有故事很有比喻。我則是這樣就這樣,〈邁步向前〉、〈最愛是誰〉都直抒

情懷。」兩種寫法並無高下之別，甚至互相欣賞，猶如少林與武當。

筆者確信。相傳，白居易最喜歡的詩人竟是李商隱。奇怪吧，文學史上標榜淺白的白樂天竟然佩服華麗派的李商隱？白居易說正正因為自己做不到啊，李商隱也做不到白居易，乾脆把兒子乳名叫「白老」，寄望兒子似白居易。

照片所見，潘源良是少數會登堂入室到林宅的行家。

「振強充滿創意，寫葉蒨文的〈200 度〉『這世界氣溫會有 two hundred degrees』夾雜英文，一般 cover version 只會沿用原作英文，但這句本身 Madonna "Material Girl" 沒有，兼與『用愛做我動詞』等押韻。而『用愛做我動詞』又是一種轉彎，上一代未試過的。〈空櫈〉和〈結他低泣時〉的擬人法，玩得淋漓盡致。我在〈三番詞話〉（見本書附錄）提過，某些詞言有盡而意無窮，振強是意有盡而言無窮，同樣好詞。我覺得，黃偉文部份作品便非常林振強式。

「還有林敏聰，他的〈無心睡眠〉，恐怕連林振強都寫不到。」

「我珍惜曾和這班精英並列，與有榮焉。」潘源良動情地說。

潘記 10　林振強是好男人

2003 年 11 月，我們在薄扶林的天主堂為 Richard 舉行追思彌撒。地點是他之前選定的、也按他意思低調處理。他的親朋好友都來了。Lam 和學友分別獻唱〈每一個晚上〉和〈每天愛你多一些〉，以他的歌詞向他道別。我在彌撒上說了這段追憶發言……

〈我和 Richard 的一些事一些情〉

1983 年，機緣巧合，我初出茅廬在新藝城做助導時，和林子祥先生有一個合作的機會，更有幸為該電影主題曲填詞。那是我一生人出版的第二首歌。唱片出版後，Lam 告訴我，Richard 很喜歡那首歌。

我連誰是 Richard 都不知道，Lam 告訴我，是林振強。我不敢相信。

Richard 那時已經是填詞界的神話人物，創作又多又好。我沒有估到他會注意一個初學寫詞的人，更沒有估到他會成為我最好的良師益友。

沒多久，在一次流行曲創作大賽中，我第一次遇到 Richard。他的作品順理成章地奪得冠軍，他還主動地跟我攀談，從此展開了多年來從未中斷的飲咖啡約會。當時我對他的印象是，他的嗓子是超低音，透著毫不做作的幽默感。

在這二十年來兩個男人的中午咖啡不定期約會中，我們天南地北，甚麼都談，他讓我學到了很多很多。有時大家都忙，便會用電話聯絡一下。Richard 和我後來都有了 fax 機，除了第一次互送傳真試機外，間中也利用它互相問候。

有一次飲咖啡時，我問 Richard，怎樣才算是一個好男人？Richard 當下沒有答覆我。數日後，他卻在 fax 中傳來他深思熟慮後的兩句答案。

我不打算把他的這幾句話告訴大家。但只要認識 Richard，其實就認識了答案。他愛他的家庭，並且不遺餘力地為家人著想。Richard 為了他的家人，曾經跑遍了半個地球，飛來飛去，尋求安定。而最終落葉歸根，回到香港。

在這段轉折途中，他一直不停創作，從沒有任何怨言藉口，保持著最高的專業態度，作品繼續叫人在讚嘆中湧出會心微笑。就是在他生病的歲月，文字當中也絕不流露半點自憐，實在令許多無病呻吟的作者慚愧。

許多人說他不肯改歌詞，我卻知道他其實是肯改的，但要有充分的理由。有些人為改而改，被他拒絕後，倒應該自我檢討。在填詞人像一盤散沙的時候，他又率先提出和我及周禮茂組成「三筆管」，爭取在版權上應有的權益。在應做的事情上面，他絕對是行動派。

由洋蔥頭到強伯，他沒有讓歲月使他老化，反而更加將他對香港的愛，表露無遺。他的文章好好笑，但從不尖酸刻薄。罵是直接的罵，笑是直接的笑，始終像個率性的小孩，喚醒著我們最純真的正義知覺。他是最可愛的香港人，香港能有林振強，實在是難得的福氣。

他雖然有一個獨特的創作天地，但永不會閉門造車。高深無趣的東西他最討厭，也從不打算進入嚴肅的文學殿堂。假如諾貝爾要把獎項頒給他，他一定會說，諾貝爾？咩嚟㗎？唔要諾貝爾，要落街玩得唔得呀？

就我所知，Richard 也曾做過後悔的事。初認識他的時候，他煙抽得很兇，一天幾乎燒掉三包。有一次喝完咖啡和他逛書店，他卻找到一本戒煙書，從此便一根也不抽了。

他就是這樣的一個人，他細心聆聽自己心內的聲音，判斷出應走的方向，特立獨行出與別不同的精彩。

幾年後，Elisa（陳潔靈、也是我和 Richard 的好朋友）找到一份他寫好了但一直延誤了未有錄音的歌，找我和倫永亮商量怎樣處理，可以表達我們對他的懷念。結果我在歌曲的前奏和間奏部份、選輯了他的精彩詞句，跟他寫的這首歌互為呼應，成為獨白加主唱的版本。

〈哭 …… 可以麼〉

獨白：

一個風雪晚上　我失方向（葉振棠 — 笛子姑娘）

你你你　你叫我震盪（陳秀雯 — 震盪）

來又如風　離又如風（王靖雯 — 如風）

冬天該很好　你若尚在場（張國榮 — 春夏秋冬）

唱：

全不需講抱歉　道別無罪　從不怪你難留下去

儘管多麼愛你　多麼需要你　後會若無期　早已作預備

誰可解釋　珍惜的總告吹　誰可解釋　無緣共對

讓哭泣的兩眼　閉起不需看你　怕一看必將不可放下你

獨白：

也許當天的痴未完　所戀的戀未完（何家勁 — 也許）

你的眼光甜蜜如軟糖　沒法擋（陳秀雯 — 甜蜜如軟糖）

時日在我心　留低許多足印（林子祥 — 追憶）

每一個晚上　我將會遠望（林子祥 — 每一個晚上）

唱：

別回望我　如風削過　忘記你也許　我可活下去

可惜真可以麼　全失憶可以麼　當我愛著你最多

我心雖死　忘不了你　忘記最愛的我怎活下去

用心的相愛過　我生過也死過

我需向你道謝　我快樂過

獨白：

一杯黑咖啡　一片燈影（黃凱芹 — 沒結果的一些感情）

一枝低泣低嘆結他（夏韶聲 — 結他低泣時）

而每過一天再一天這醉者（張學友 — 每天愛你多一些）

零時十分　倚窗看門外暗燈（葉蒨文 — 零時十分）

我　我要　我要你（葉德嫻 — 我要）

重飾演某段美麗故事主人（陳慧嫻 — 傻女）

來日縱使千千闋歌（陳慧嫻 — 千千闋歌）

無聽眾的深宵中　繼續彈下去（倫永亮 — 鋼琴後的人）

我感激我們遇見　在今生像河與海（蔡齡齡 — 細水長流）

唱：

別回望我　無需看我　情太過赤裸　為你哭出河

速飄走可以麼　何必一拖再拖　不要看著我痛楚

我心雖死　難捨棄你　你卻別要內疚　沒對不起

用心的相愛過　這生已很不錯

你安心的遠走　別回望

獨白：

我衷心祝福你　我的心雖因你哭（林憶蓮 — 哭）

漫長漫長夜晚　從未覺是冷（詩詩、劉天蘭、林子祥 — 三人行）

唱：

你安心的遠走　別回望我　可以麼

獨白：

凡是渴望永久的　何故不能長伴我（陳潔靈 — 當天那真我）

11.

快樂足球

潘源良自幼身手靈活，但小時候受過傷（見本書第 1 節），心理陰影，總覺得自己並非體育材料，怕和人比較，與學界運動無緣。

讀中文大學時，在新亞書院山頭，遙遙望見柴油火車從大埔繞吐露港駛過來，三步併成兩步衝下山，竟趕得及在大學站上車，是常有的事。那時柴油火車速度較慢，正值電氣化往往中途等訊號，學生哥年輕步快不怕死，趕返兼職，彈著彈著跳梯級速度驚人，真做得到。可惜有次全身汗濕感染風寒，久咳不癒，從大學保健處確診哮喘，可能遺傳自母親。

踏足社會工作，經歷憂亂鬱結，事業頓挫，跟第一任太太離婚，愈發與人群

疏離，1987 至 1990 幾年索性閉關填詞，詞產特豐，但身體也特差。「晚晚捱夜。住唐樓，上八層，每次上完十分辛苦。經朋友介紹看中醫，把脈發現我心臟漏跳，跳幾下停一下。中醫說因為憂鬱、閉結，勸我做運動。於是我重拾兒時愛好：踢足球！

「除了 keep fit，快樂足球，鬥波勝在有短期目標，專心踢，甚麼煩惱都拋諸腦後，踢完一班朋友飲飲食食，挺開心。我九零、九一年卅二、卅三歲才認真開始，有心不怕遲，病痛就少了。

「我又學滑雪，一望無際，空氣清新，已經夠心曠神怡。滑雪每年去，足球每週踢，直至 2017 掛靴。我喜歡和波友相處。」

配合實踐，觀賞興趣也更濃。潘源良睇波記憶早在 1966 年世界盃的電視片段，七十年代家中有電視機後、從未錯過大賽。「當年聯賽直播不多，只有追看每週精華。資訊得來不易，愈珍惜入腦。」他還會睇英文報刊，自己寫筆記，由此種下日後評述緣份。

在他看來，足球評述與翻譯外電有相通之處。岔開一筆，1998 至 1999 年期間，潘源良曾於《蘋果日報》兼職翻譯外電，知道的人不多。當然為餬口，

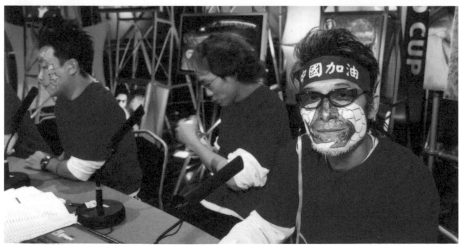

2002 年世界盃，中國隊初登場。中港人心蜜月期。

那時他填詞工作銳減（參看本書第 9 節）。「如果我大大聲求救，可以找林振強，可能會獲得一個較重要職位，但我不想。林振強擔任黎智英顧問，從籌辦《壹週刊》之初我就知道，聊天聽他提及。

「相隔近二十年（指大學剛畢業）再做翻譯外電，還算熟手。所以《蘋果日報》的得失，我略知一二。『陳健康事件』（《蘋果日報》記者包辦拍攝妻兒屍骨未寒的人夫北上尋歡受社會口誅筆伐）的煽情，我第一時間咬定話有問題，但當時報社的路線個人無法過問。另外，當時《蘋果日報》神奇在，採訪拍攝的可以與執筆定稿的完全是不相干的兩組人，由編輯按市場需要決定，看圖作文。」

1999 年，潘源良加盟有線電視主持足球節目。

他說：「電視台體育直播之爭白熱化，始於 1990 年意大利世界盃。TVB 因循，賽事進行中插播廣告，頻頻錯過入球。冷不防，亞視開創半場之間才賣廣告，觀眾自然追捧轉台，TVB 後知後覺照跟，已經輸咗口碑。另外，1996年亞特蘭大奧運，李麗珊代表香港首奪金牌，TVB 大台竟輸了採訪頭啖湯給亞視 …… 鬥得激烈。

「但兩間免費電視台限於頻譜，能覆蓋的賽事畢竟寥寥，恰恰讓有線電視填補空間。1996 年，有線破天荒播足英格蘭超級聯賽全部賽程，是香港史上從未試過的，掀起狂熱。

「現在回顧，如果早知互聯網後來的發展，是不應該如此投資的 —— 有線名副其實要逐街逐戶鋪線入屋，工程浩大，難以收回成本，後期已不再開發硬件。亦正因為 2000 年科網股爆破，暫緩了 internet 發展，網上資源未算唾手可得，讓評述員的資料蒐集和做功課仍顯得彌足珍貴。總之，有線播波黃金期大約 1996 至 2010 十多年間，我慶幸有份參與，結識了一班好同事。

「有線有樣特別，幾乎無向 TVB 或亞視挖角，名嘴如林尚義、伍晃榮都沒有拉攏過檔。自家的馬啟仁本身 researcher、李德能一向兼職，加幾個新人，打出 1996 英超全季加歐洲國家盃漂亮一仗，倍添信心。再之後，便靠選拔入行，1999 年，本來邀請我當選拔的評判，結果做埋一份。坦白講，當時我正要思考事業轉向，一拍即合。」

幕後做得多，客串粉墨登場試過，但這般固定拋頭露臉還首次；一份工一做十多年，亦首次，比電影和填詞更牽絆。

「我最初主力講意甲。意大利聯賽出過荷蘭三劍俠、德國三劍俠等傳奇,但少人熟,我由八十年代寫落的筆記便大派用場。我強項在夜貓子,不用睡覺,睇到最後一腳都十二分精神。」非球迷或女生或覺得,才子如潘源良做講波佬不可思議,以為他貪得意。「我絕非玩票性質,可以的話想做一世。」

與填詞一樣,筆者認為,粵語足球評述也是世上最難最有趣的。潘源良說:「就我們認識的範圍,內地、台灣、英語地區都不及我們莊諧並重。這要感謝自五、六十年代起,葉觀楫、何鑑江、林尚義等前輩從收音機創造了一個特殊環境。給黎永昌起花名『牛奶嘴』、笑受傷包紮像『白頭嚤囉』之類在其他文化未必得。前輩們率直敢言,鄉親父老式感情、大家言笑無禁,是香港特色氛圍,甚至有心人把『曬靴』、『彈琵琶』、『醫院波』等編成術語字典,好好玩。」

廣東話形容射門:抽、掃、撥、篤、轟、推、撞、彈、剔、伸……普通話只得一種講法:打門。

潘源良續道:「有人話,電視機五、六十吋畫面,甚麼都睇清清楚楚,還要講嗎?的確,但配合到畫面,分析戰術,同步呼吸,各師各法啦。到了互聯網世紀,翻牆普遍,翻到甚麼外語頻道照看,索性關掉聲音,或者大半邊屏

幕展示在出賭波賠率，都逐漸令評述變得可有可無。

「2002 年韓日世界盃，香港第一次要全靠收費觀看，此後各項賽事播放版權炒貴，香港彈丸之地難負擔，轉嫁導至付費頻道加價，愈來愈多網民選擇翻牆。從此作為生意打不響算盤，2018 世界盃臨時由樂視讓給 now TV，東京奧運會靠港府出手買給電視台播，將來天曉得。

「我很早看淡前景，2016 年離職有線，但永遠懷念這一奇葩。一班台前幕後手足沒猜忌，互相幫助，與其他電視台很不同。難做，都要有人做。如何讓觀眾回到王道，值得思考。」潘源良直言是最佳職場經驗（參看本書第 0 節）。

此後，有線電視經歷賣盤、兼營免費的開電視、大手股權轉讓、人手改組，逐漸不再以直播足球為招牌菜。

到荷蘭訪問朗奴高文。

潘記 11　**因為唔想死，我去咗踢波**

少年時我以為自己會好短命。三十前後我以為自己就快死。「你喜歡
到那些地方遊玩就去遊玩，想吃甚麼就開懷吃吧！憂鬱對心臟不好
哦！」中醫師語重心長地勸我。說穿了、除了因為小時候撞傷昏迷過
的陰影，還不是因為一些幼稚的想法麼？據說耶穌和李小龍都只得
三十三歲，所以我曾經不顧一切地努力爭取、希望盡快做出想要的成
就、然後接受這大限的降臨！然後，到了所謂「三十三、亂刀斬」的
前夕，我的心臟漏跳、我試過因為氣喘、深夜連續兩次送進醫院急救。
1991 年秋天，我用通宵寫作加上抑鬱不歡把自己摧殘到幾乎步近耶穌
和李小龍的後塵了，可是成就方面一比，無疑是個笑話！

這場大病，讓我大徹大悟：選擇生命的話，我就要向健康之路努力，否則只會成為一個獨居病患者的失救個案，連自己都不會可憐自己！我得感謝足球。這個遊戲太迷人了。我又得感謝我的球友。他們接納我、鼓勵我。而原來我的這種心肺疾病、的確可以藉運動大大改善。球賽內外，很多人際相處之道，也豐富了我的體驗。或許人生總要久不久就來次「破繭」吧。大學畢業先父離世那該算作一次、這次應算第二次。

進入講波的行業，恐怕又是另一次吧！因為雖然整個電視製作系統我不陌生，但在直播時擔當演繹者角色，也是新的挑戰。幸好開始得算順利，可以和一班同事互相交流照應。一年後的「歐國盃」得以直訪荷蘭，日韓世盃前夕、更因 LMF 臨時甩底交不到歌，於是趕忙寫了〈世界盃就到〉，把流行曲、歌詞與足球共冶一爐。而這條在有線足球樂園中另闢蹊徑的歌路，竟遇上對足球與流行曲都一樣發燒的同道中人劉舜文！他自作自填自彈自唱的「足球歌」、更多產更殺食！〈上呀細哨〉、〈睇意大利〉、〈洛賓〉、〈耶耶托尼 yeah yeah yeah〉等首首經典！2004 年我們合作了這一首……

〈 高手過招睇英超 〉

英超　英超　絕世武功真奧妙　個個猛將武藝高超
爭錦標　奪榮耀　由慢鏡精彩介紹　愈射愈勁愈射愈飄
衝動派　與空洞派　娛樂性邊派最大　最正怕要算突擊派
笠射派　與走射派　狂射搏懵都無壞　勁射拹射後腳都射埋
今屆二十大　全屬搏殺派　望吓邊派野心最大
就連諾域治　流浪派與樸茨派　甚至水晶派都鬥志佳
銅頭功　一於睇英超　靈蛇腿　都只因英超
擒拿手　總之睇英超　Fans 發燒
降龍掌　一於睇英超　連環鎚　都只因英超
迷魂鎖　總之睇英超　睇高手過招

(Rap)聽住聽住
如果覺得劫賴賴　眼坦坦　感覺好似食左十香軟骨散
記住睇軍醫　咪亂食保命丹　一陣食錯禁藥就冇得玩
無論北冥神功定九陽真經　你 D 功夫至緊要夠正經
若果亂放飛劍　心術不正　你功夫幾勁都一定有報應
黃牌黃牌黃牌黃牌　紅牌紅牌紅牌紅牌　黃牌紅牌黃牌紅牌　出場！

銅頭功　一於睇英超　靈蛇腿　都只因英超

擒拿手　總之睇英超　Fans 發燒

降龍掌　一於睇英超　連環鎚　都只因英超

迷魂鎖　總之睇英超　天震地搖

慈雲山　一於睇英超　牛池灣　都追捧英超

油麻地　總之睇英超　Fans 發燒

黃泥涌　一於睇英超　流浮山　都追捧英超

銅鑼灣　總之睇英超　睇高手過招　睇英超

曲：Jean Michel Ou, DJ Rozzroize, 陳驊

詞：劉舜文／潘源良

監製：潘源良

12.

出動復出

香港電影金像獎把新晉導演定義於首兩套片之內，所以潘源良憑《出軌的女人》（2011）獲提名，雖然事距他處女作《戀愛季節》（1986）足足四分一世紀。時代開了他大玩笑。

廿五年來，潘源良影圈打游擊，更多人認識他的工作在填詞，偶爾做副導演和編劇，也草擬過開戲，與荷里活撞橋，無疾而終（見本書第 8 節）。劉郎隔世，《出軌的女人》與《戀愛季節》最大分別，由青春理想換成中年況味，潘源良統稱為女人戲。「我喜歡女人戲。女人戲要『捽』故事。

「男人戲（或稱動作片），只須某一兩位大哥認頭有期，主要演文場，武打

容許由替身頂上,便即開得。男人戲靠龍虎武師、特技、爆破,雖然我在麗的都跟過打戲,但始終並非我那條隊。

「能夠兼備演技和叫座力的女演員不多,還要合適男演員配襯。我度過一個故事,類似後來成事的《甜蜜蜜》,由小說家鍾曉陽幫忙編寫。當時屬意劉嘉玲,但投資者想用新人,我覺得新人完成不到件事,結果談不攏。後來證明,類似的故事,由張曼玉加黎明擔綱,足以產生 1+1=3 效應。」

因人成事,承相熟的夏文汐經理人梁李少霞相告,夏文汐有意復出,且對題材較少顧忌,恰巧編劇楊漪珊前作《我不賣身我賣子宮》受到注目,而今次搜集資料取材關太北上深圳尋歡這話題引人入勝,加上有他睇好的新紮小生陳偉霆,都令潘源良覺得足以去馬。

筆者有興趣是:如何讓人知道潘源良仍在狀態?「行內知道就夠,我一直保持參與。行家知道我並非亂來,朋友們都想幫我。」的確,筆者聽過多位業界中人談及他熱愛電影,例如導演郭子健,作為後輩對潘源良不擺架子地默默耕耘讚不絕口。際遇各異,但皇天總不負有心人。

與浪子形象相反,潘源良的強項在於有交帶、全力以赴。《出軌的女人》僅

林了祥友情演出夏文汐的丈夫。

十二天拍竣，主要菲林單機攝製（有兩天大場面用雙機），中途還要改劇本，可謂巧婦弄成一餐飯了。

棄用數碼，純粹因為獲發一批即將到期的最後庫存菲林，不用白浪費，列明在拍攝條件內。有說菲林別具質感，潘源良坦言視乎調色和放映裝置，以當時配套只算達到不遜於數碼水平，是掣肘而非故意鑽牛角尖，宣傳上亦沒強調。反而菲林機器笨重、無得即時睇 play back、曝光要求苛刻等等，大大增加困難，端賴台前幕後鼎力襄助。潘源良憶述無限感恩：「夏文汐、陳偉霆不必說了，吳家麗和葉璇都好專業。演員是靈魂。還有林子祥臨尾客串夏文汐丈夫的驚喜，戲份不多，但欠份量是撐不起的。」阿 Lam 與潘深厚交情，不計較。

「林憶蓮也不計較。電影主題曲，找合作多年的唱片公司入手，坐低，對方一味拿出價目表，我們無錢，但非關有無錢，可不可以先談談音樂呢？好彩憶蓮獨立了無公司，剛有歌做好未搞粵語版。」潘源良填出〈兩心花〉，榮獲第卅一屆香港電影金像獎最佳原創電影歌曲。「憶蓮去澳洲，順手一個人拍 MV，是真的無助手無攝影師無燈光師，自己找背景，擺好部 cam，埋位按遙控唱幾句，換另一地點又唱幾句，剪輯駁成。若看過 outtake 便明白。」

豈能盡如人意？《出軌的女人》因涉及女性同性戀情節（夏文汐跟葉璇），不能星馬上映。「因為我不負責賣片，不清楚詳情。我拍的是意識上，並非明刀明槍。東南亞規矩飄忽，七十年代反而寬鬆，尺度不一定與時並進。無得估的，創作最忌綁手綁腳，唯有做好自己。不過，發行商與電影公司早已開通網上院線，《出軌的女人》拉勻回到本。」

夏文汐久休復出，魅力依然。要錙銖必較的話，潘源良說：「時機上早了些。2011 屬合拍片天下，本地製作予人次一等之感。之後受 2012 反國教和 2014 佔中影響，本土意識才逐漸抬頭，開始重新關注港產片。夏文汐《烈火青春》（1982）被譽為神作，頗受後生仔追捧來看。夏文汐的 die hard fans 年紀偏大，如果遲一兩年，加上那批年輕觀眾，相信會更受注目。」

另一可惜在陳偉霆。「無論外界怎批評，我與陳偉霆合作經驗相當愉快，他肯學肯做。唯嘆集體欺凌，香港對男新人的 bully，竟如此苛刻。

「觀眾太愛周潤發、梁朝偉、劉德華，雄霸天下，到一地步，不容任何挑戰，不需要接班，對男新人睇不順眼，潛意識抗拒，繼而嘲笑，令業界青黃不接，蹉跎足足二十年。」

筆者認同。2021 年電影公司籌拍新片《金手指》，沾沾自喜宣稱梁朝偉和劉德華繼近廿年前《無間道》（2002）再合作。上溯電視劇《鹿鼎記》（1984），黃金組合更達四十年！傳為佳話之餘，背後不知讓多少後浪蹉跎歲月，便莫怪新一代厭棄港產片，是名副其實老化，甚至父權主義。

潘源良續道：「從前四大天王，演戲演不好可以唱歌，唱歌唱不好可以演戲。周潤發、梁家輝、梁朝偉照唱歌。陳偉霆卻是任何範疇從唱歌演戲到私生活都被打死，起惡意的綽號（的士陳）── 你問大眾實際討厭他甚麼呢又說不清，總之一窩蜂，貪得意。」

事實證明，陳偉霆稍後即在大陸大紅大紫，難道只有香港觀眾眼睛雪亮？

「《出軌的女人》在大陸食到一些陳偉霆效應頭啖湯。網上播頭五分鐘決定看不看下去，我剪片有特別留意。只是感慨香港觀眾一直沿用這種心態做判斷，類似例子還有劉錫明、洪卓立。判死一代不如一代很容易，但栽培一個新人很艱難。我必須講，霸凌是發生過的，即使陳偉霆有錯，不致於要這樣，不致於要鋪天蓋地攻擊。正如劉錫明，即使有錯，不致於用一整本雜誌口誅筆伐。有朝一日香港娛樂圈復興，得提防此怪現象。

「近日 MIRROR 另走極端，一捧捧上天，不考慮按部就班，裡裡外外全盤美化，效果有待觀察。」

總結得失，最緊要有下次，別讓一停廿五年的導演夢再中斷。這方面潘源良慶幸完全達標，《出軌的女人》票房平平，卻證明他能控制成本、使命必達（其實他四部電影均沒超支），至為關鍵。「未落畫，關錦鵬便 call 我執導《影子愛人》。」

上、人拍潘。下、潘拍郭子健及鄭思傑。

潘記 12　**幾時開竅？**

電影製作確實是千變萬化、無奇不有。怎樣找到資源令電影拍得成、
絕對是一門學問。法國導演杜魯福（又譯楚浮）說過（大意）：「拍
電影像往原野歷險。出發前你嚮往著風光如畫、美不勝收；但途中艱
險重重、意外頻生，最後你只能夠希望把這趟旅途終極完成就是。」
而我已經有過太多次正要出發、卻被迫滯留的經驗了。

除了跟家強提到的那些撞橋事件，還有一次極具教育意義的碰釘遭遇。
在 98 年左右，我和泰迪羅賓認識了剛投身電影的郭子健及鄭思傑，
大家不單談得投契、更覺兩位年輕人充滿幹勁。他們之前在導演會的
製作班上課，之後追隨葉偉信導演等同時實習處理劇本和現場、開始

有點經驗。談得興起，我們四人便說到要組成一個創意小組，合作搞電影！因為是四人小組，我還提議用「Fight 4 Films」的名稱（填詞有「三筆管」嘛！），中文則叫做「開片地盤」。

當年香港雖然剛經歷了亞洲金融風暴，市況不算太好。但我和 Teddy 聯絡了某些電影公司，仍然願意投我們信心的一票，但要先看劇本作實。得此喜訊、我們如獲至寶，並說好了：Teddy 是監製、我當導演，郭子健與鄭思傑共同編劇。由於我們四人都比較喜愛黑色電影，我提供了一個這樣的故事大綱、三位拍檔也隨即同意去馬！

《俘虜》——在一間偏僻的渡假酒店正要舉行一場隆重的婚禮。新郎是警界的明日之星，向著頂層邁進。新娘也是女警、才貌雙全。與會者有商政界名人、當然也有警界最高層。但就在婚禮正要展開的美麗黃昏，假裝成賓客的狂徒用武力制服了幾名政要，繼而控制了整間酒店，把所有嘉賓當人質。新娘為了營救有病的姐姐，提出單獨與狂徒的首領談判，結果幾經文爭武鬥、竟然發現，幾名狂徒其實是被一個警政商集團陷害含冤的人，他們要把真相翻出、尋求公義！而新娘更找到證據，發現主謀是她正要下嫁的未婚夫。而這個心狠手辣的魔警，正在策劃絕地反擊，不惜犧牲自己的未婚妻……

這裡我犯了一個執行上的錯誤。因為之前不論在電視台的單元劇、或後來幾次為電影撰寫劇本，我都是和導演談好故事大綱之後，就一個人躲起來拼命寫、遇到有問題才再找導演商量。子健和思傑開始去寫之後一直沒找我，我也開始忙於講波、就以為他們沒問題、也信任他們的發揮。豈料在要交給電影公司之前幾天，他們才突然發出求救訊號。結果在時間壓力下，雖然我們另外找了一些編劇再度，細節上卻仍然有許多漏洞。劇本弄不好，電影公司就擱置計劃了。

我不會怪誰。導演當不成、始終是自己的責任。這次經歷讓我知道，原來每個電影人開竅的時機都不一樣。多愛電影都好，要寫出來拍出來還須開竅。結果、幾年後，子健率先寫成《野良犬》。這次由故事到劇本到拍攝，他一直都找我問我、我也盡力協助、給予意見，但他的創意鋒芒、已經顯露無遺。到 2010 年，子健與思傑更合作拍成《打擂台》、勇奪香港電影金像獎。兩人也因此打出頭了。

我拍《出軌的女人》時，資源緊絀、連大部份美術工作甚至道具我都需要兼顧，多得他們兩人協力在現場推動、否則可能根本拍不完。到了後期工作，總算鬆一口氣，我在剪接時寫下了這段「卷首語」，提醒自己當中戲劇的肌理，希望可以利用片段和音效的編排，達致一如

寫詩的剪裁效果，發現確有幫助。

〈焚香譜〉—— 關於《出軌的女人》

心香不點起來
就只是一串塵封的煙粉
一旦燃起
風吹不滅　直至　成灰

把我們燒熾的
是氫與氧　共生的美麗
是水滴無縫　的擁抱
是背後滾燙的　指爪血痕

說出軌　太容易
一個通俗流行的花邊概括
火山口是閒言閒語
煙花般不著邊際地舞動　焚化

婚姻若是快樂傳說
誰還相信聖誕老人
半張睡床是鴛鴦火鍋　沸騰暫借
也安頓不了　狡猾與無知的雙生兒

誰一手把你從寶座上拉下來
坦露自己　讓你拒絕　叫你不捨
點火的人難免灼傷
流淚的　說是煙燻

孩子哦孩子　願你不必經歷這些
不必衝出去　或者　衝不得出去
別人建造的軌道
只有幸福的火花　沒有燎原的錯對

假使我不曾改變　我憑甚麼改變妳
只一個橡皮圈　可罩得住
天色如湖　花落如水
硝煙裡　誰知道　誰在焚香

13.

合拍影子

本世紀一〇年代，中港電影合拍蔚然成風，如意算盤是東方荷里活的台前幕後經驗加上內地的雄厚資金和市場，何樂而不為？廣義合拍片包含亞洲乃至全球，合作雙方各展所長、各取所需，因此「總有一套喺左近」。

潘源良的《影子愛人》正正趕上順風車。

他憶述：「2011 年 3 月，《出軌的女人》上畫。4 月 1 日，關錦鵬打長途電話來說他監製一個 project，萬事俱備，只欠導演，問我有否興趣。我還以為愚人節開玩笑。」

潘源良與關錦鵬同期入行，關執導處女作《女人心》（1985）即找潘客串一角 —— 潘源良演戲屬玩票性質，自嘲次次扮壞蛋，就無話可說。關錦鵬《胭脂扣》（1987）大成功，《阮玲玉》（1991）後即北上，一早打通網絡，搞過《長恨歌》電影及電視版等，甚吃得開。今次，關和一位台灣 producer 談妥由 DMG（Dynamic Marketing Group）在中國的公司製作，大致講有兩個張栢芝令權相佑困惑，再加兩對內地和台灣男女卡士，就這樣找到金主。

草案如此簡單，在影圈也是常有之事。後來潘源良知道關錦鵬找過其他導演都推辭，嫌故事難搞。關說：「搵得你就預你度得通。」潘在《出軌的女人》電影節放映獲內地監製感興趣，但十劃未有一撇，自己亦想體驗合拍片，難得在演員連工作期都 mark 實了，便認真考慮起來。

再一次，潘源良走馬上任，非己意原創，受限制不少 —— 戴著腳鐐跳舞抑或天馬行空好？「很難說甚麼路線最好，有個雛型總比完全由零開始穩陣。講到尾，電影屬於奇怪行業，往往待上完畫才知得失。」

首先，為何必定要「兩個張栢芝」呢？原來那是台灣 producer 賴以說服張栢芝的條件，不容改動。或許受《黑天鵝》（ *Black Swan*, 2010）描繪雙重人格大受歡迎所影響，大牌明星欲挑戰演技，不出奇。

潘分別跟張栢芝與權相佑合照。開始時沒想到、這對男女主角竟有一半以上的對手戲變成獨腳演出。

至於權相佑，恰巧潘源良剛替日本 311 地震在香港籌款寫歌〈不要輸給心痛〉，4 月 4 日維園義演，權相佑有出席。「權相佑沒唱歌，據說他天生有點繡脷筋不能唱。他坦承經過苦練才唸清對白，是個認真的演員。」籌款活動慶功宴上，潘從旁觀察，覺得權相佑狀態極佳，彬彬有禮，遠比印象中的韓仔細緻，適合感情戲。「以前旅遊當地，覺得韓國男人一味粗線條。」

餘下雙生雙旦配角，初出道的景甜值得一談。潘源良說：「大陸導演計第幾代，陳凱歌和張藝謀等，標榜藝術性。合拍片宏大理想就是要結合大陸的藝術性和香港的商業性。連帶女演員如劉曉慶、鞏俐和章子怡，也講究學院出身、經名導演發掘和加持，來到楊冪和景甜這一輩則不太講究了，可以通過選秀、模特出身。而影視題材亦由生活寫實變成純商業、得啖笑、穿越、奇幻都得，不用講大道理。2008 北京奧運後，環境開放，行內講笑，山西煤礦鉅子出得起錢也夾一份。王家衛《一代宗師》的投資方名單破紀錄長達銀幕四頁。這種情況下，老闆們每人欽點一個，都有很多女角跑出。」

潘源良要把此批「聯合部隊」整合，費煞思量，終於度出：女強人張栢芝失蹤、生死未卜，惹來野心股東覬覦公司控制權。既然大公司，聘請外籍專業人士很正常，韓籍權相佑為公為私找來生得一模一樣的善良張栢芝，訓練她掩人耳目，過程中漸漸移情於她，左右為難。景甜是女強人張栢芝閨蜜，一早識穿，

亦轉而幫善良栢芝。台灣代表丁春誠與權相佑老友兼追求景甜，於是人人分配適當戲份。還有張韶涵與井柏然，安插成回憶中抗戰的一對 —— 加入中日戰爭頗大膽，幸好當時紅線較少。整體夾不夾硬呢？潘源良說：「盡力而為，滿足到各方要求。編劇天職，寫不難，難在要拍得到，照顧到市場。」

平心而論，投資和市場大了，導演費水漲船高，潘源良坦言酬金是香港同級的八倍左右。「我都想瞭解大陸人事風氣制度。」

行色匆匆，潘源良與監製、攝影師往上海見老闆，劇本拍板。「4月8日落深圳，幕後人員坐滿三圍枱等我，才知道阿關真沒騙我，果然只欠導演。」

火速實戰，內地業界良莠不齊。「好的可以勝過香港輝煌時期，例如某位場務，細心妥當。差的，直頭人影都不見，說好了都沒出現。又有一批你永遠不清楚他們負責甚麼的，像湊熱鬧般游來游去。只要不對製作構成傷害，我不去撩這些黃蜂窩了。心力留待解決更棘手問題。」

棘手在演員之間言語不通？小兒科了。開鏡五日，香港驚爆栢芝重遇陳冠希合照洩漏事件，張栢芝要急急回港處理家事，之後再傳出謝霆鋒嚷離婚。「栢芝告了十幾日假，我不可能輔導甚麼，只能給她時間。十幾日後回來，所到

之處又被娛樂記者包圍，拍每一個景點都如臨大敵……」奇在，潘源良竟如期完成。「6月初我已身在香港。演員 mark 的是『死期』，不能延長，想拍多些也不行。計不到共拍了幾多組，有時早上九點開工，中午十二點便收工，算不算一組呢？因為演員根本不在。臨尾趕忙直踩兩天，力挽狂瀾，又算幾組呢？」神來之筆到一地步，權相佑和張栢芝不能演對手戲，劇情「發明」權相佑送給張栢芝一對耳環，戴著方便遙控她應對商務，亦等如隔空談情，可以分開來拍。

潘源良苦笑說：「我雖然未算是扭計專科，但總得想辦法解決。」前作《出軌的女人》，因應節省特技成本，臨時把陳偉霆的孖生兄弟同場戲改寫縮短。潘源良宿命，或者恰如他早年編劇的戲名 ——《補鑊英雄》。

《影子愛人》在他四部作品中較不滿意，但潘源良並未否定合拍片的價值。捉不著合拍的影子，卻不構成陰影。「合拍片沒有錯，誰不想獲更豐富的資源和市場呢？早在當年《秦俑》（1989），香港請張藝謀和鞏俐來演，也可視為一種合拍。一向無所謂，直至《踏血尋梅》（2015）春夏也很獲香港觀眾受落。直到《少年的你》（2019）突顯了中港口味的差異，才顯得尷尬。」

到底氣氛不同了。

潘記 13　**記憶深圳**

我第一次踏足深圳，在 1972 年春天。那時坐火車只能到達羅湖，然後得下車步行過橋，排隊、排隊、再排隊，用回港證從英界香港出關、再進入華界作邊境檢查，然後才好像逃難電影的情節一般，趕緊拿著大包小包跑上看似隨時要開走的火車。那年春節假期，剛剛把冰室結業的老父帶我回廣州探親，於是在深圳登車。當時紅衛兵當權的文革高峰已經潮退，雖然還是用糧票，但外匯券已經開始吃香。就算還聽到「批林批孔」的消息，但顯然地方經濟正在喘息。

第二次到深圳，印象仍然在火車站。那是 1982 年，廣州的親人來信告知，在改革開放的政策下，祖屋的業權獲得發還了（之前是「被共

產了」的）。偏偏先父去世不久，沒有聽到這個喜訊。更轉折地，我成為唯一可以協助他們取回業權的「長子」！於是我要拿出世紙身份證加上在香港找律師寫好的「身份確認書」及「業權讓渡文件」，經書信與廣州的姪兒約好日期時間，就在深圳火車站的茶水部餐廳見面轉交。那時沒得選擇，這個茶水部是深圳唯一的會合點。從窗口放眼外望、四處的農田混雜著各式建築地盤，香格里拉酒店剛動土。

等到九十年代，我曾經間斷地到過龍華區附近找一位中醫師看診。當時深圳已經聚滿了各地遷來的人，頗有龍蛇混集之勢。此時過關已經很方便，出了關口便是小巴站（當時缺乏管理的載客工具）。上車前沿途有許多各式小販兜售各種物件、上車後，車內在當眼處有告示寫著：「小心賭局、切勿受騙」。你以為大家都只是乘客，一車才十六、七人，怎麼要貼出這樣的告示？原來一開車後，坐在前排的幾名男子便會把一個生果箱放在司機位後面的通道，逕自賭起估撲克牌、喧鬧之餘、看似有輸有贏。未幾，其中一人便會問後面其他乘客、還有沒有誰要一起玩？當年市內已經有不少堵車地段，車程本來起碼一小時，堵起來更是讓人納悶，於是確實有別的乘客參加。當然，這種賭局到底有多少人扮作乘客其實暗中配合作假、誰說得準？我就曾經目睹一個自覺眼明手快的青年，選了紅心 A 下注（掏出現金），莊家開牌果

然是紅心 A，但莊家不肯賠，旁邊幾個看似不認識的賭客突然也異口
同聲説青年買下的不是紅心 A！一陣爭論之後，幾名賭徒跟司機説要
下車，跟著抓了錢財、合力把青年推倒車上、便匆匆下車逃去！司機
看著中伏的青年，似乎見慣不怪、卻還是有點無奈。

等到《影子愛人》拍攝途中遇上阻滯，那天黃昏我從劇組暫居的酒店
窗口望出去。深圳確是一個奇葩，改革開放四十年，這裡好的、壞的、
有潛力的、過了頭的，甚麼經驗都學到了。《影子愛人》裡面的其中
一個主題是關於對未來的預感（這細節為原故事無。我加進去藉以點
題）。作為一個香港人，看著深圳入夜的璀璨燈光一一亮起，不由得
我沒有預感⋯⋯

〈雪・花・舞〉—— 關於《影子愛人》

花開若只為了美麗
就沒有了　結果的　苦澀酸甜
降雪若不冷冰徹骨
就只剩下　溫吞的　水與寒煙

愛的名字叫極端
贏輸都好　就是不能出和局
那怕預感著　要失去　而珍惜
守護者　是一個比一個　更難的決定

舞步從生疏到熟練　何其相似的影子
等待著確認的心靈支票　誰甘心擱在一旁
留空
那遇難者的名字

結髮　牽手　捉迷藏　遊戲玩得笑著哭
飛鳥　海豚　蘭花草　各自活得多快樂
宇宙中
偏偏閃動著即時傳譯的心聲

何時花開　何時飄雪　何時起舞
入戲誰可不出戲　不該找人代替你
夢醒　記不起的那一切
卻有照片　錄影　耳飾　指環　倖存做證

一生太長　一時太短

一時太長　一生太短

雪如是　花如是

舞亦如是

14.

謀殺春秋

若說《影子愛人》適逢合拍片盛世，《聖荷西謀殺案》無疑見證合拍片之秋。

2015年，潘源良包辦了陳奕迅全碟歌詞，完成了《最愛作品展》紅館音樂會。2016年收到朱嘉懿《聖荷西謀殺案》的導演工作邀請。朱嘉懿曾擔任《戀愛季節》製片，與潘相交數十年。

潘源良憶述：「朱嘉懿之前在中港兩地都幫過劉鎮偉；近年又幫劉國昌搞《毒·誡》，劉青雲、古天樂主演；還發掘舞台劇界的司徒慧焯執導《脫皮爸爸》。香港電影人北上，全盤內地化，已很普遍，例如陳嘉上和徐克。林超賢受軍方支持，班底落地生根，北漂，不回來了。朱嘉懿則算南流，尋求喜愛題材的組

合，前作包括找翁子光拍《踏血尋梅》，郭富城配搭內地女星春夏。據聞《聖荷西謀殺案》原意一併購入內地舞台劇演出版權、計劃配合巡演。一句到尾，數年前業界比現在好景。」

合拍片意味著大投資、大製作、大市場，有更多的可能性。

潘源良與朱嘉懿都屬意由鄭秀文主演，竟然一拍即合，可謂皇牌在手，信心加倍。他偏愛女人戲，相信明星魅力。「關錦鵬都要有梅艷芳和張曼玉才成事。你說男人戲賣座？動作場面要假手於人，而且文藝題材成本較低，拉勻可能更划算。」

《聖荷西謀殺案》來自香港著名劇作家莊梅岩手筆，一早在舞台劇圈子享譽。但舞台演出與電影是兩種截然不同的表現手法。潘源良首先面對改編問題，在他看來，聯手謀殺親夫一節情理欠通 —— 為啥非要家中偷歡以致被捉姦在床不可？（原劇暗場表示）而男女主角行徑形同西門慶與潘金蓮的話，角色便難惹共鳴，此外，原著對親夫性格陰暗面亦無交代。

「本意由莊梅岩親自改編，起初她很友善樂意，但往後當我逐一指出問題，強調電影與劇場是不同的，她便變得難以溝通，交稿後也看見她沒有把心思放在

生不逢時?《聖荷西謀殺案》電影版。

需要改動的地方。可是前期籌備工作已經開始，再不能停下拉扯。於是找了翁子光幫手改了一稿。但他著意點又有不同。結果還是要自己熬夜下手再改。當時已經到了外景選景的階段⋯⋯」

筆者舞台電影兩邊都看過，平心而論：舞台版主旨突顯奇案色彩，通過連場唇槍舌劍互揭糗史，旁及夫妻相處日久生厭，歸納曾發生兇殺令觀眾恍然大悟，全劇即戛然而止。種種回憶細節，經對白帶出，為營造結局驚爆效果，不宜過多落墨。潘源良則著眼於人性，為男女主角動機提供合理解釋。電影要求畫面，不能只靠「講」故事、口爆高潮。難怪莊與潘牛頭不搭馬嘴。

潘源良說：「客氣歸客氣，工作要實事求是，原來，許多創作人畢竟拙於討論，又或者不習慣接受意見。」

2016 年底，潘源良赴北美考察，雖然名曰聖荷西（美國加利福尼亞州 San Jose），實際取景於加拿大。「不少荷里活片都在加拿大拍，香港更享稅務優惠。」2017 年夏開鏡。

除了鄭秀文稱職，內地男星佟大為身形偉岸卻帶柔弱，與原著形象不謀而合。半退休的林嘉華本身恰恰華僑入型入格，keep 得 fit，強勢老漢不二之選。至

於蔡卓妍，潘源良坦言為了配合說服英皇投資，阿 Sa 也完全勝任大齡少女的戲路屬不二之選。

時間充裕，將士用命，明顯條件優於《影子愛人》。「的確容許較多構思空間，《影子愛人》由收到 order 考慮改編執行到完成，僅兩個月。」潘源良說：「但《聖荷西》一片發展期間卻更多都患得患失，因為要經內地批文通過。」

2017 年，國家電影局改組，由中宣部處理審批。「中宣部不單從戲劇衡量，也衡量道德教化。《聖荷西謀殺案》本質是謀殺，兼且謀殺親夫，案情涉及盜用身份及等如非法移民，樣樣敏感。」

應對之道是，照拍，拍的時候故意多拍一些，讓一些對白剪走亦銜接到上文下理，例如原著中一句「沒有台灣，中國就不完整」，拍到有剪接位、可以在必要時可刪去，是求同存異的小技巧。潘源良改成男女主角最終受制裁，阿 Sa 角色照顧遺孤作為救贖，客觀上亦符合道德教化。潘苦笑補充：「臨尾字幕就並非我意思囉。」對，惜墨如金的他怎會如此畫公仔畫出腸？講多一大堆道理。讓香港放映版與大陸版不同可以嗎？豈非常常聽聞有多種結局針對不同市場嗎？「後來基本上已經再不容許了，公司也不想冒這個險。」

《聖荷西謀殺案》榮獲香港電影金像獎多項提名，可惜不能讓鄭秀文一嘗影后滋味。潘源良語帶遺憾：「人物、主題、表現，Sammi 都贏，但那一屆《少年的你》，周冬雨有太多鐵票支持⋯⋯回想周潤發年年穿『踢死兔』等待領獎，結果睇淡穿軍褸那屆才攞影帝；劉青雲也攞得遲。以前還可以叫多飛 ── 提名台灣金馬獎，現在連這個可能性也被逼放棄了。誰敢？

「每部戲有它的命，《聖荷西謀殺案》原擬 2018 年上映，拖到 2019 年社會運動，終於 2020 年才發表。如果早兩三年，大家對合拍片未反感，Sammi 狀態亦較佳（指受夫婿許志安 2019 年偷食事件牽累），票房會好一些。當然，2020 湧現移民潮，與《聖荷西謀殺案》內容脗合，但切膚之痛，觀眾又可能不想去觸及殘酷現實。」潘源良說，並非怨天尤人，而是電影真的邪門，太多人算不如天算。

本土意識抬頭，新世代對合拍片嗤之以鼻。合拍片永續存在，宣傳上卻儘量淡化，少提為妙。「除了主旋律電影，漸少合拍。而主旋律就是台前幕後有出自香港的，但已不考慮香港市場，等如去做外勞罷了。」

潘源良攜妻遷居台灣，對電影仍興趣濃厚，坦言要摸熟寶島尋找機遇。

香港呢？「香港情況太複雜，今時今日，要說服老闆肯出錢、拍甚麼、有信心拍得成、上到畫，都難，存少少良心都不好意思叫人倒錢落海。所以，近年流行小清新、小眾題材、病患、勵志、低成本，對投資者還有得一博。

「台灣的可能性高於香港，就是 idea 加配搭，反而簡單。講到尾，我並非只求有片拍，還求拍自己想拍的，唯有保持裝備，隨時 ready，講機緣。」

機緣是，至今為止的四套導演作品，竟沒一套完全來自潘源良的想法意念原創。眾所公認的創作人命運尚且如此，縫縫補補、凡事說不準、潛規則四伏，恐怕乃業界通例了。

老驥伏櫪，志在千里。

潘記 14　**不要有「助手情意結」**

之前引述杜魯福（楚浮）說有關電影製作的比喻（見第 12 節），其實還可以引伸一下。電影製作確實像一趟旅程，但由於牽涉的金錢、演繹的技法、應變的處理等等都足以影響製作的成敗，要比喻得更貼切一些，不如說更像一次前往外太空的探索。因為目的地既難於預見、過程也更加要步步為營、而團隊上下更非既專精又團結不可。

這些年我每當遇上初到現場實戰的年輕人，第一句都問他們最愛是哪一部電影、哪一位導演，然後告訴他們，這電影或導演之所以成功，其實協力的助手功不可沒！因為是他們全心全力的付出，不打折扣、電影或導演的要求才得以高度完成。這正是投身現場的所有工作人員

都要追求的目標！只可惜有太多時候，我們會遇上肆虐的「助手情意結」，令結果往往大打折扣。

所謂「助手情意結」，典型的例子就是：身為助理、但對於有關部門上司的處理方法暗中別有意見、於是不肯緊貼要求去努力、或疏懶、或推搪、或提供另類材料，以展示個人觀點，還暗中說我是為這電影好。在不同的部門，這種情意結的助手都可能隨時發作、甚至有時跨部門，暗中挑戰導演的處理要求！無疑，劇組的各種方向、都可以開放討論，但討論之後、始終要由主創人員做決定，工作才可以推行。這時助手或執行者若仍不全力追隨、就是拖製作後腿了！

在溫哥華拍攝《聖荷西謀殺案》時，我們就先後遇上過一些「助手情意結」的嚴重病患者！其中一位當地聘用的副導演，可能剛讀畢電影出身、滿有白人優越感、開名車過來上班，一味央我把某些簡單的場次交給他拍攝，相反本來是他工作的拍攝日程編排、就故意拖延到開拍前還沒排出。結果我深宵自己排好了，並且在正式開拍第一天特定注意他遲到現場，立刻把他開除掉。此外，美術組也有專搞破壞的助手，把連戲道具弄得啼笑皆非。

是的。我們正出發往太空、在近乎不可能中尋找各種可能。太空船的線路方向、不是隨便由誰說了算的。電影戲劇或許不如駕駛太空船般科學化，但要求的共同進退和全力以赴並無二致。而我在還沒當上導演之前的助手階段，已經一直要求自己、在任何一個影視製作中，我要做看到問題、解決問題的人，而不是「問題生產者」！

〈秘密〉—— 關於《聖荷西謀殺案》

森濃的樹木掩蓋著房子
玻璃的房子掩蓋著我們
我們掩蓋著我們的過去
我們的過去掩蓋著真相

我來探望你　當然想了解你
但你比我　更了解我自己
我不想了解的　包括太多
了解了的　就不能再說不了解

誰都有給關在廚房的過去

網頁單張豈有公道話
離婚證明書或者綠卡
能夠確認音樂椅上　誰的身份

雪地濕滑　抓緊你　一起掉進閘門了麼
湖邊清冷　看過去　還是根本過不去
雞尾酒之後是約定　今天就簽約給你看
白兔糖是你的糖　白兔糖是我的藥

一碗濃湯　一個盤子
以為不會重覆的一切重覆了
懷孕一樣的長大著
贏過冠軍　就是不一樣麼

看到的不記得　記得的卻沒看到
失焦或聚焦　誰都只看到自己看到的
一個人要有多努力
世界才會對他仁慈一點

迷路了　找到另一個出口
葬掉的　就該不會給翻開
三年來都沒被發現
記憶　都該像金魚一樣

一把鏟子　可以埋掉許多
也可以一寸一寸　剖開那
魚鈎釣絲縫合的傷口
親吻它吧　趁著再不流血

到死也沒揭穿的
就不算甚麼秘密
沒有人像我這樣愛你
要證實這一點　螞蟻就爬出來了

15.

經驗之談

潮流興講斜槓族（slasher 或 slashie），潘源良是元祖級。

「我甚麼都做。」他說：「那時向上爬容易，很多東西在八十年代以前未曾泛濫，專業廣告、Cantopop 等，你辦得到，順著條路，定了型，便佔一席位，節節晉升。我則純跟興趣走，樣樣做，當然，樣樣有要求。

「1983 年參與《英倫琵琶》（副導演及編劇）前，我已經涉足電台、新聞、電視、填詞，那時我廿四歲，相當於大學生畢業年齡。現在大學生求職，第一份工就話要具備三年經驗，那何來第一份工呢？以前沒這種無理條件，遍地機會，願意試新人。

「話說回來,現在吸收經驗卻途徑多多。以前器材矜貴,非從業員很難接觸攝錄機;現在手機即可拍片,不用返工才學到,上網自修、和朋友 team work,一樣得。文字創作亦然,post 上網。當然,並非發表在戲院和實體書刊,滿足感差一些,但你裝備自己,到一天際遇降臨,讓人覺得:『早知搵你就好啦。』努力總不白費的。」

潘源良坦言,他在群雄各據要津時偏走 slash,如果專注一門,仕途或會更有利。今時今日,年輕人形勢所逼,愈發要周身刀。但潘源良不鼓勵大家複製他模式。「我不是偶像,最好各師各法。合久必分,現在碎片化(fragmentation),行業由大門派瓜分,變成游俠江湖,各自為戰,或者將來再分久必合。」

他的軌跡,依然值得參考。

「趁後生博覽群書(廣義包含多媒體),印象特別深刻。經典像莎士比亞,有志搞戲劇者不能不看。正如推理小說,一撞橋即死,你博覽群書,起碼知道甚麼已被寫過,如果你打算偷橋,更加要博覽。文科學好語文,理科增加想像力,科目無局限。大學讀傳理系,尤如取得入場券(方便入行)和地圖。地圖能夠幫你去到你想去的地方,但它不能夠代你決定你想去哪地方。」

潘源良感慨，香港填鴨式教育，學生見世面少，構成創作障礙。以自己舉例，他小時候偏食，非關挑剔，乃自幼食慣媽媽煮來煮去那幾味：紅衫魚、炒肉片、蒸雞，中學外膳就必揀廉宜的揚州炒飯、免治牛肉飯。結果到上海館子，連「客飯」是甚麼都不知，「獅子頭」、「賽螃蟹」、「醉轉彎」更像外星生物。初次去日本，全程只吃牛丼，貪平，驚魚生生蟲、wasabi 辣，更主要是怕貴。

「我並非宣揚消費主義，而是見微知著，從食一方面可知，因循保守，怕越雷池半步，又談何創新呢？投身工作以後，我開始試不同食物，立志要經歷世界、感受自由空間，打破小學雞心態。

「到一個地步，我甚至打破小康家庭 sweet sweet，我真正領略創作與生命，經歷過辜負一個曾經發誓愛護的人 —— 離婚的本質正正這樣，極大震撼，也極痛極悔。我只好反省自己，由微觀到宏觀，再消化出來，成為創作。

「古人元稹、李商隱，喪妻寫出悼亡詩，因為古代文學不商品化，有感而發就寫。現代商業作品往往在你無感時都要發，便靠記憶情緒。有些填詞人很厲害，一早記下許多點子，創作時再如百子櫃般隨時翻出五味紛呈，我不太認同。都是那句，各師各法啦。

「填〈十個救火的少年〉（1990）時，市場容許當商業作品推廣；最近填〈今天世上所有地方〉（同由達明一派主唱），不可能商品化了，但我態度無分別，儘量做好件事。有心的年青朋友如是，不應因平台收窄就交行貨。近年香港環境，政治題材受矚目，時代曲反映時代，原該如此，但一旦淪為喊口號式，卻不似談情說愛百聽不厭，就不易延續下去。」潘源良特別點名，後輩填詞人小克（蔣子軒 1974- ）把 New Age、哲學融入歌詞，是一道新清流。

另一方面，尋求平台畢竟重要。「MIRROR 重振電視台作為主流媒體的地位，ViuTV 收視率和收視層面卻仍不足夠。疫情影響，live show 移師網上收費，觀眾付錢手鬆了，新一代打機早習慣課金。老一輩一見到要 subscribe 即逃，疑神疑鬼恐輸入信用咭導致萬劫不復。但我們這一輩終會老成凋謝，新一代漸成消費主力，流行文化經網上收費支撐，漸有可為。

為免閉門造車孤芳自賞，潘源良說：「期待評論家與創作人相輔相承，共同成長。香港專業評論一向少，能持續持平的更少。」筆者身為專欄作家，深感認同。香港不缺談娛樂圈的文章，擇肥而噬，總要尋找最大公因數。以前評《愛情陷阱》大碟，人手一張聽到滾瓜爛熟，惹共鳴；後來根本少買唱片（同理電影戲票亦然），寫起來誰懂呢？樂評／影評遂難以持續，貧者愈貧，

黑馬之選乾脆不提。提，都是插科打諢嬉笑怒罵，因為罵得過癮的文章才譁眾取寵，刷存在感，於是難以持平。況且，一味批評，比較不須技術含量。

說到技術含量，筆者記得，作曲家黎小田（1946-2019）病逝，報刊專欄悼念，紛紛從他的電視劇集歌詞借題發揮，例如〈人在旅途灑淚時〉引申反映港人難民心態云云，洋洋灑灑，但黎小田乃作曲家，關歌詞啥事？只怪專欄作家多不通樂理，或者用文字來討論曲風先天困難，唯有打擦邊球，顧左右而言他。香港評論之不專業，可見一斑。潘說：「網上又是碎片化，益發自說自話。」

播遷台灣，潘源良仍望折射香港。中大新亞書院舊生，不經不覺走上開山祖師們乘桴浮於海之路（參見第 0 節）。「我不能與錢穆、唐君毅諸教授類比，但都想分享經驗，一同探求安身立命目標。」

台港雙城，有何共通呢？

潘記 15　**你可以對受眾有所要求**

創作人對觀眾或聽眾有所要求，驟聽似乎是本末倒置。但假如真正對一個地方的文化有所企盼，這又是不能不提出的部分。

還記得七、八十年代的電影午夜場，所謂「咬蔗幫」，看到不過癮處，會高呼：「邊撚個導演？打 X 佢！」。香港流行文化儼然「消費者主導」，差不多已成恆例。不搶眼球、沒法叫「耳朵懷孕」、缺乏話題的作品，彷彿就會與流行文化絕緣。但一面求新、卻又大幅懷舊，擁抱黃金歲月、永續偶像地位，如何說得過去？

經過這幾年在俗流趣味之外增多了意義的追尋、推倒了某些保守勢力

的江湖地位，香港的受眾是真正醒悟麼？我不敢說。評論界顯然也大
有可為，但是否新瓶舊酒，亦有待觀察。對於創意的觀察、欣賞及評
價，是要不斷推動和研判的。不過、可以肯定的是，當下是近三十年
來，香港流行文化最有危有機的關鍵時刻。真正愛香港人，會創作出
甚麼？……

〈 然後我們扮演群眾 …… 〉

歌詞
即使只是一句
也可賞　也可批
說出看法就好

無須妄自菲薄
不必抬高身價
香港不是沒文化
但說到底　才幾十年

一句話的總結

如果竟然公道
多麼方便省事
消費指南還少麼

上榜好賣人氣天天見
唱 K 選播自動跳出來
媒介就是信息　包裝決定內容
兩派意見　方法竟然一樣

你說不再感動
他唱得淚眼朦朧
你說不明所以
他愛與時並進

市場規限格式要求恆常存在
石破天驚釜底抽薪也非罕有
沙礫藏珍珠
認真不會輸

某天

當群眾不再扮演群眾

都獨立精明的　聽　看　唱

都能說出一句歌詞的可賞與可批

某天

當歌手不再偶像

樂曲不便循環再用

詞人　當然一樣要　交足功課

而這天現在不是不存在著的

只是

在我們心底深深處

都坐著一位懶散的消費者

然後　我們繼續扮演群眾

16.

台港鐘擺

台灣與香港的流行文化，此消彼長，互相走位，互補不足，像鐘擺般，往往這邊起便那邊伏，客觀上，既競爭，又合作。

第一波碰撞發生在上世紀六十年代，台灣原創國語時代曲如〈今天不回家〉、〈意難忘〉、〈蘋果花之戀〉在香港收音機播得街知巷聞，青山、姚蘇蓉和楊燕等來港表演，未有免費電視未有紅磡體育館，成條彌敦道和軒尼詩道逐間逐間歌廳地唱，開啟流行音樂先聲。

同一時間，香港的樂壇非常混雜無章，粵曲小調沿用傳統曲牌如〈將軍令〉、〈餓馬搖鈴〉、〈妝台秋思〉譜上新詞，或者玩幾句 The Beatles 和貓王，甚

少原創。另外有些充當電影附屬品，陳寶珠飾演「女殺手」，鄭君綿飾演「東方貓王」，新馬師曾飾演「飛哥跌落坑渠」，多以噱頭搏取話題，不像台灣登台純粹作為歌手性質，毋寧說，後者較接近我們心目中的 pop music。

「每件事都有源流。」潘源良說：「我小時候接觸當然不明白，長大後閱讀資料，移居台灣再思考，才整理出一些脈絡。為甚麼當年台灣興起時代曲？源流在日本。日本殖民統治台灣五十年（1895-1945），文化廣被，一併帶來演歌（Enka）。到蔣介石接管，蔣政權本質屬軍政權，軍政權最希望不似軍政權，所以粉飾太平，獎勵文教。在流行文化，以演歌留下的伏線，創作國語歌，壓抑地方性的台語和客家語風俗，強化中華本位，實際獲官方指導和贊助的。而民眾既已受落登台演唱這模式，無違和感，你看〈今天不回家〉的旋律和姚蘇蓉誇張的腔口，都帶些演歌風味。」

不妨也說，國語時代曲催生了香港 Cantopop 的萌芽。

電影方面，邵逸夫祖籍浙江寧波，香港邵氏公司專拍國語片，著眼於大中華，主攻台灣，包攬星馬等南洋華僑市場（中國大陸未開放），搞出亞洲影展，把邵氏女星如李菁推上亞洲影后，撇除日本以外幾乎一統東亞。名導演李翰祥與邵老闆意見不合，便赴寶島另起爐灶。李翰祥在台灣成立國聯公司，

深宵相聚眾詞人。

捧紅甄珍等「國聯五鳳」。七十年代初,李翰祥返邵氏拍出一系列低成本高
票房的通俗片如《騙術奇譚》、《北地胭脂》,建立信心拍大型清宮片《傾
國傾城》(1975)和《瀛台泣血》(1976)。後來再與邵逸夫不和,李翰祥
迎接八十年代大陸改革開放,北上故宮實景拍攝《火燒圓明園》和《垂簾聽
政》,終償素願。

潘源良舉此例子,指出業界精英慣性這樣跳來跳去尋覓機遇。台北與香港,
猶如《雙城記》的巴黎與倫敦,有志之士奔走往還其間。

又例如鄧麗君(1953-1995),輩份比姚蘇蓉等晚。1976年,她選擇來港簽
約給寶麗金,出版國語唱片《島國之情歌第一集》,乍看有點奇怪。首先,
全碟由日本人作曲(主要是豬俁公章),「島國」指東瀛,實乃演歌餘緒。
鄧麗君曾演出 TVB《歡樂今宵》,看中的是香港作為國際都市經濟騰飛,寶
麗金作為國際唱片公司,有助她進軍日本市場。不經不覺中,香港漸成音樂
重鎮、地域跳板。

香港位置特殊,pop music 一起步即勢不可擋,因為經過長期多元孕育:戲
曲、粵調、歐西、國語乃至菲律賓!菲律賓裔音樂人如杜麗莎、露雲娜、杜
自持以至夾 band 彈奏的樂手們,數目遠超想像,貢獻至鉅。端賴不少奇人

異士，把這些多元特色綜合、消化成新作品，其中最具代表性當然要數顧嘉煇，創意博大精深、兼收並蓄，締造電視劇主題曲熱潮，還有學貫中西的「番書仔」黃霑和許冠傑，觸類旁通。此外，台灣英語水平不及香港，見微知著，也導致寶島對外語歌曲吸收力較低。

當年台灣流行文化囿於為政治服務的桎梏，凡事講鄉土、家國、政治正確，奉為傑作的是《養鴨人家》（1965）、《家在台北》（1970）等電影，說教味濃，就娛樂性不足。

武俠小說家古龍（熊耀華 1938-1985）生於香港，像馬英九童年即播遷台灣定居，在台灣接受教育和著書成名，但真正使他大紅大紫，卻靠作品經香港影視（主要邵氏和 TVB）改編，反攻寶島。最誇張無綫劇集《楚留香》，1979 香港首播，1980 台灣播，萬人空巷，破盡收視紀錄，帶挈主演者鄭少秋越洋搵真銀，蔣緯國將軍指定此劇主題曲為自己喪禮配樂。怎解釋這現像？潘源良笑說：「古龍骨子裡真有港人血液，角色的機智靈活、別開生面、爾虞我詐、酒色財氣，頗富香港世界仔味道。」在台灣即時難受落，經香港鍍一層金，出口轉內銷，倒更馨香。台灣樂意跟隨香港步伐。

香港電影商業元素學荷里活，新浪潮則集歐洲之長，所以台灣金主寧願投資

在豐富多姿的港產片，而不投資悶蛋的台灣片。舉個例，張艾嘉早年電影某幕講不良青年在台北國父紀念館進行非法勾當，據聞總統一看震怒，要找張艾嘉家族算帳。張艾嘉外祖父歷任官場要職。那輩台灣藝人不乏家世顯赫者，已成傳統。換轉《龍虎風雲》（1987）警方臥底周潤發與李修賢兩大賊於高等法院門前握手，極具諷刺意味，卻毫不會有問題。港英殖民地政府並非沒禁忌，但絕大部分不讓你感受到。出於種種原因，幕後老闆往往以夾份形式低調投資，隱而不覺，台灣金主支撐香港影業達二十年，香港電影在台灣大收旺場也達二十年。

鐘擺這次傾向香港。

蔣經國（1910-1988）晚年稍稍放寬，打破國民黨色彩濃厚的中影主旋律壟斷，台灣流行文化遂由政治服務一變為滿載文藝氣息，樂壇有齊豫、羅大佑等的新音樂，電影先有一眾新銳導演集錦式試金石《光陰的故事》（1982），然後有陳坤厚導演的《小畢的故事》（1983），浮現城市感覺，仍刻意淡化商業元素。1983年楊德昌執導《海灘的一天》，出品赫然是中影和香港新藝城！新藝城無寶不落，豈會投資文藝片？原來當時草創期，抱著甚麼都試試心態，新藝城幕後老闆其實還包括台灣人。潘源良曾與楊德昌聊天。「楊德昌認為自己在拍商業片，有成績便是商業片，成績包括表達到自己想表達甚

麼,為公司賺取到聲譽,也划算。」

台灣人一直偏愛文藝片,甚至詹宏志誇言投資在侯孝賢的回報比成龍大 —— 從成本規模和獲獎機率看,未必錯。有道是香港攞錢,台灣攞獎,各得其所,至今觀念根深蒂固。

這一波文藝風沒折射到香港多少,零星地,音樂方面區瑞強、林志美和〈昨夜的渡輪上〉等曲風有些相似之處。但很快,梅艷芳、張國榮、譚詠麟時代降臨,壓倒一切。潘源良補充:「羅大佑《之乎者也》(1982)、《未來的主人翁》(1983)兩張專輯言之有物,潛藏影響力深厚,但最初在港不算太普及,直至《皇后大道東》(1991)才告大熱。」反而香港在八十年代後期,譚詠麟、張學友幾乎每首 hit 歌都搞出詞意相近的國語版,編曲照搬,多慢歌少快歌,呼應台灣人抒情口味,簡單便捷,針對市場是台灣而非大陸,大陸還未成氣候。台灣回報香港精緻得多,1993 年滾石唱片來港成立分公司(若計前身則由 1990 音樂工廠開始),一新耳目,印象深刻是每輯作品附有長長文案,背後反映慢工出細貨的心思,替林憶蓮、張國榮事業攀上另一層次。其中林憶蓮在公在私結緣台灣,曾嫁李宗盛,唱國語〈至少還有你〉橫掃大中華,令港人亦渾忘語言隔閡。同一時期,張洪量的〈你知道我在等你嗎〉、伍思凱的〈特別的愛給特別的你〉、優客李林的〈認錯〉等等,年年

都有台灣金曲眾望所歸地躋身香港頒獎禮，皆大歡喜。

必須強調，當時市道暢旺，不覺惡性競爭，只覺百花齊放、同步向前。因為香港本身賴以起家就是兼收並蓄的貿易港，毫無「保護主義」。北京人黎明、王靖雯新移民到來，榮登天王天后，傳為佳話。內地專才鞏俐、張藝謀「外勞」拍《秦俑》，一樣歡迎。台灣四小天王（金城武、吳奇隆、林志穎、蘇有朋）拍港產片，照樣毫無障礙。

鐘擺效應，直至千禧年開始失靈，網上碎片化，令宣傳系統無所適從。以前過江龍上一趟《歡樂今宵》或《勁歌金曲》（反之港星上寶島綜藝節目亦然），在重要刊物見見報，拍一個轟動廣告，效果立竿見影。互聯網無遠弗屆，遠到一個地步，等如無法集中，目迷五色，即使花錢在 YouTube 大賣廣告，可能瞬即被 click 走，而不留下絲毫印象。台港交流自九七後較多顧忌，各自經濟走下坡，亦是事實。

港人熟悉的台灣歌手，剩餘五月天、周杰倫。周杰倫開創了台灣快歌性格與美藝並存的新一路。

如今處於觀察期，香港變天，港青對行之有年主流歌影視反思甚至厭惡，對

彼岸存憧憬，多了瀏覽台灣書籍和電影，所謂文青皆帶點台味。台灣呢，政治上近乎全面解禁，流風所及，埋下藝術種子，近年喜見碩果豐收。台灣新潮流在尋找身份，2021 公視推出史詩式劇集《斯卡羅》，從宏觀角度切入，正視台灣本位，相當矚目。

到寶島尋夢尋自由的港人，會擦出甚麼新火花呢？當然不只潘源良，故事還得世世代代說下去。

上、與杜汶澤在香港結過片緣，之後在台灣結地緣。下、潘的台灣小基地一角。

潘記 16　**羅大佑與林夕**

應該是在 1984 年吧。我為泰迪羅賓撰詞的《天外人》出版了不久，有天他打電話告訴我他要到台灣演出《兩隻老虎》（吳宇森導演），但他的好朋友羅大佑下星期來香港，問我可否幫忙照應。

當然可以啦！我差點沒告訴 Teddy ，《之乎者也》和《未來的主人翁》我聽得幾乎比《天外人》更熟。當時我還是住旺角，大佑到達香港後找我，我就約他在彌敦道胡社生行頂樓的旋轉餐廳碰面。因為當年我還未考駕照，不可能用車載他到處去，於是就想到在旋轉餐廳的窗前，指點著轉換的景色逐一介紹我城不同的區域。那些日子，旋轉餐廳是中式茶樓，也正好慢慢品嚐一下港式飲茶跟特色點心。於是我

和羅大佑第一次喝茶、坐了接近三小時,旺角、大角咀、深水埗、尖沙咀、香港島 …… 連被京士柏山擋住的紅磡、土瓜灣甚至觀塘都介紹到。他告訴我已經在美孚新村找到地方、計劃常來香港做音樂 ……

果然之後幾年他陸續與香港創作人合作,發表了一些單曲(如關正傑粵語版的〈東方之珠〉),又為一些電影如《我愛太空人》(1988)、《八兩金》(1989)等配樂。在 1990 年,他找我讓我為他所作的一些流行曲填廣東詞,其中有一首他自己已經寫了幾句:皇后大道西 …… 皇后大道中 …… 皇后大道中 …… 皇后大道東 …… 當時他屬意由周潤發主唱。我收了他的卡式帶、答應會用心先聽一下。之後我挑選了盒帶中的兩首為他填了,但沒有選「大道中」那一首。之後某次和林振強喝咖啡,原來在我之前,大佑也找過他。但 Richard 覺得「皇后」的「皇」字唱起來是「旺」,屬於不協音,但大佑堅持不想改,於是該曲就一直沒人填,直到後來它找到了真命天子林夕。而林夕一直堅持的「新詩文學式入詞」,終於與大佑的「台灣風」一拍即合、修成正果,登上一代詞人的寶座。

〈皇后大道東〉的成功,既造就了林夕,也直接催生了羅大佑的「音樂工廠」,及其後登陸香港的「滾石唱片」,帶來了許多台港共融的

流行曲，足以超越了方言用語、文白之間的阻隔，令兩地彷彿融匯出一種足以傳頌縱橫的獨特文體，完成了一個這樣的時代：在流行文化的層面、台港從未這麼接近、從未如此互訴衷情⋯⋯

而又誰會想到，今天我和林夕都寄身台灣，偶爾一起喝茶吃飯聊天一如當初，然後無止境地想念某些時、地、人、事？⋯⋯

"In My Life" 廣東話試譯

時地經過　曾是許多
最初感覺　並無可不可
誰又懂記憶怎捉摸
悲歡哭笑　任由穿梭

某些一消失了再遇已不可
初戀的一個　共行的一夥
變遷中　所有散聚似星火
仍深愛　就如當初

無論經過何事那地

始終得你　沒人可相比

無論天性多麼不羈

我偏不可以　讓情枯死

我祇懂得相信愛自有因果

累積起感覺　逗留心窩

隨機的一秒我便又會想起

人生裡　逐年增多

我祇懂得相信愛自有因果

累積起感覺　逗留心窩

隨機的一秒我便又會想起

人生裡　逐年增多

仍深愛　就如當初

潘源良曾在講座指出，香港流行文化是一場幾十年之間的奇特賽跑（見本書附錄），箇中特點，這裡可以進一步闡釋。「矛盾、時高時低、變得快、變得極端、起起伏伏，像玩過山車。」

首先，拿文化一詞深究，潘源良說：「我們自幼聽慣『香港是沙漠』，聽到耳朵起繭。提出這說法的人是甚麼語境呢？是判斷了文化的本質只限高檔藝術？抑或人云亦云？是嘲笑、批評、嘆息，繼而唱反調抑或規勸？──『香港是沙漠，想害人就叫他搞創作／辦報／拍電影啦，實死。』我們都聽過。」

筆者查出，遠於 1927 年，魯迅來港演說，便有與會者問他：「香港是文化沙漠嗎？」可見此說出現更早。魯迅答：「就是沙漠也不要緊，沙漠也是可以變的。」

果然不久，上世紀中葉，香港文創蓬勃，日報晚報達卅多份（姑勿論當中包含不少是馬經和小報），電影「七日鮮」天天出爐，蔚為奇觀。

潘源良說：「近年香港愛提東方之珠的驕傲，動不動就黃金時代怎樣怎樣影響東南亞遠至世界各地。」

正因為沒落，所以追憶、珍視。自卑與自豪恰恰錯位，故曰過山車。

「另一方面，自私與無私。常說香港人利字當頭，香港人卻最愛做善事，水災、地震的籌款破紀錄。殖民地借來的時間借來的地方，有錢快快搵，而反正街外錢，賺到幫幫人，千金散盡還復來。這複雜心態頻頻流露在影視作品內。

「又說，港人世界仔，腦筋急轉彎，擅長『執生』；同一時間，我們又強調中環價值觀、普世價值觀，重視合約精神，講求法治。香港人似乎自然調節到。說到保持主見、獨立思考，偏偏又同時喜歡『埋堆』、西瓜倒大邊，似乎兩邊都行得通。

「國際化 vs 本地化。口口聲聲國際都會，在意一切自由貿易、快樂指數等等排名的同時，本土意識高漲。傳媒行文劈頭便『本港』，澳門較少寫『本

澳』，廣州更不會寫『本州』的。」

我們久處其中倒不覺矛盾重重。

潘源良驀地話鋒一轉：「種種巧妙平衡、暗渡陳倉式技術，漸漸喪失了，終於沒落。如何找回，正是本書出版想向大家叩問的。」

以潘源良最熟悉的填詞為例，筆者認為，八十年代詞壇全面採用書面語（參看第 10 節），是一場雅俗共賞的革命。在此之前，要麼吟風弄月，要麼市井口語。在此之後（即現時），尊貴詞人愈填愈晦澀，連登仔二創則愈見粗鄙，都失諸偏頗，不能包攬廣闊層面。

「雅俗共賞是，你要相信受眾具備雅俗共賞能力，你才會寫雅俗共賞。如果睇死港人文盲，永遠填廣東口語。相反，現時是碎片化，認為反正會買唱片的顧客已經少，倒不如滿足詞人或歌手的偏好吧，出發點鬥刁鑽，歌詞不必明白才有型。接觸廣大樂迷，講就易。

「先要相信自己，相信夢，雅俗共賞到一地步，早於五十年代，豈非說睇大戲都是半文盲的媽姐女傭嗎？唐滌生卻填出文詞優美的粵劇三寶，成為經

典。」又例如金庸，把販夫走卒看的武俠小說提升至新高度。「總有些奇人異士，找出最大公因數之餘跳躍騰飛，世界便跨前一大步。」

倒退的也有。2010 年，影業大亨向華勝重拍喜劇經典《唐伯虎點秋香》（1993），以黃曉明代替周星馳，幕後班底乃至老闆他自己都一樣，舊酒新瓶，湊齊所有煞食元素，一心吃個滿貫，可惜，證明成功方程式不能複製。說一句沒 formula，無意思，電影工業，不能次次等靈感，於是大家希望有 formula。「不如說路吧，路總要行，行得出就是路，行不出就百丈懸崖。

「日本一向無紅線，韓國民主化後紅線解禁就大爆發，假設香港恢復無紅線又如何？紅線也可以是自設的。八十年代百花齊放。千禧前後足足十幾年，香港樂壇只得一個偶像叫陳奕迅，是不健康的。今次 MIRROR 來得更急，坦白講，聲勢已一如當年譚詠麟和張國榮，fans 鬥消費愈發直接，卻許多時不理會文本（指 MIRROR 演出的內容），好處抑壞處呢？有待觀察。」

口味撕裂，加上立場顏色行先，各項流行榜和頒獎禮的公信力每況愈下，市場缺乏指標。

「電影更加離奇。」潘源良說。以他至今執導過四部電影（分別見本書第 8、

12、13、14 節），走馬上任、爛攤子、相隔四分一世紀有之，應接到喘不過氣有之，從沒系統，反成慣例。「想有系統如流水作業拍電視，大家又不想。

「觀乎很多大片竟然處處犯駁。好不好睇、硬不硬傷、票房收不收得，三者之間可以全無關係。

「時機反而重要，若《濁水漂流》（2021）面世在先，《麥路人》（2019）可以免問了。《麥路人》底氣尚和諧，《濁水漂流》配合社會氛圍已經明刀明槍控訴得粗口橫飛。

「為何鄭秀文還不是影后？宏觀地，香港電影金像獎萎縮，兩年一屆網上頒，受多少重視呢？影展都銷聲匿跡了，港產片困難，合拍片聲名狼藉，誰敢參加金馬、傷害鄰近玻璃心？⋯⋯

「根本，誰說得準未來？」潘源良最後說。

過山車何時谷底反彈？說到底，影壇樂壇需依賴作者與受眾互相要求激勵，正如真正的民主需要開放的討論、靈活的創意與永恆的儆醒。這些都是真正愛香港者的切身感受。

潘記 17　回到 1984，不自由的戀人

讓我又回到 1984、我初訪台灣的那一年。記得那時見到宣傳看板：「麥當勞要登陸台北了」。然後落實興建捷運系統的消息剛剛宣布，市面聽到的談論卻是：「這麼大型的項目，一定搞不成！」那時，香港的麥當勞已經各區都有、而地鐵通車亦已經好幾年了。那次在台、我還有機會探訪侯孝賢導演的拍攝現場。當時拍的是《冬冬的假期》。在現場的最大感覺，是氣氛十分閒適、跟香港製作的節奏徹底不同！之後我發現，我確實目擊了台港文化發展的分水嶺。

概略言之，香港在七十年代開始的幾十年得天獨厚，所有不同地域或訊息的資源匯聚於此，於是做成鬥快鬥眩目鬥尖端的建立模式、如何

讓資源為我所用並用得最刁鑽，就成為了主流想法。同期台灣資源不算充裕，反而從歷史從根本處開墾、珍惜找到的點滴而善用之。比例上說、香港在物質生活中邁進、台灣多了些精神的摸索。香港取用的資源千變萬化、但比較平面；台灣則往往要處理時代根源與態度、力量是縱向成長的。

這兩種形態與風格各有不同的文化模式，可以互補共生，呼應這個新世代的要求麼？我但願這小書中記下的個人觀察和想法，可以留給年輕人借鑑。

來台之後，我懷著探索學習之心，跟一些團體與個人碰面認識。有一個跳法蘭明哥的舞團，計劃把這種舞蹈發源的塞維利亞與台灣及香港的經歷串演出來，於是我們創作了歌曲，希望在疫情退潮後配合演出……

〈 不自由的戀人 〉

當最好的失去後　當最差的經過後
當最想的得到後捉緊仍飄走

祇有勇敢的忍受

那一天　還未到　不放手

給我體恤的眼眸　給你當枕的膊頭

跟你高呼的訴求　濺血的傷口

當晚一分開之後

那一宵　才又會　牽你手

然後

年輕等到白頭　仍然等不到盡頭

把努力盡投　仍不夠

然後

流徙於這地球　如何可得到自由

跟你又聚頭　然後再然後

當這窗門關上後　當要鎖的鎖上後

當禁止的都禁後　思想仍堅守

心裡最真的感受

每一天　仍是會　跟你走

不要委曲的理由　不要委屈的強求

不要在未來後悔　出手或收手

黑暗當中高呼著

每一聲　全是愛　請接收

然後

年輕等到白頭　仍然等不到盡頭

把努力盡投　仍不夠

然後

流徙於這地球　如何可得到自由

跟你又聚頭　然後再然後

當最好的失去後　當最差的經過後

當最想的得到後竟給人搶走

心裡最真的感受

每一天　仍願你　可接收

曲：李拾壹

詞：潘源良

回應書首提到的浪子生涯。這些年來、感情生活的起伏變遷，工作範疇的跳動演化，乃至執行地點的遠近多換，我都只能接受：「流浪」確算是我人生的一個主題。我當然知道世上有「自我實現的預言」這回事，但客觀條件的挑戰、叫我不可能不繼續追尋。正如有時我會想：香港人常說「借來的土地、借來的時間」，是否也終於自我實現了？

最後，我聯想到的是十多年前為音樂劇《秦皇淚》寫的一小節歌詞……（是的。除了上述提到的不同電影故事，我和倫永亮還完整地寫了一個音樂劇，至今因種種原因未能面世。你不會很驚訝吧？）

〈我相信〉

我相信　生命像一條船　不能看得太遠
可是總得有個方向　讓我可以安心
太多夢想數不清
太多事情說不定
只要知道該怎麼過明天
今天已經是永遠

附錄B

附錄一 我看見的香港普及文化 ／潘源良

主席、主持、各位講者、各位與會先生女士，大家好。今日我選擇去講嘅題目，係「我看見的香港普及文化」。

我要先旨聲明，我本人並不是一個研究普及文化嘅學者。我只是以剛剛登六之年，又係生於斯、長於斯嘅香港人，並且一直從事同普及文化相關嘅工作，所以係用過來人嘅身份，同大家分享我嘅所知所見所聞。直接啲講，其實各位係聽緊一個大叔喺度講古咁解。而大叔，係唔會提供數據、注解、出處或者研究所得嘅。

不過，就算係大叔講古，都要講得清清楚楚。特別係涉及「文化」呢兩個字。呢兩個字可能對某啲人嚟講，比較抽象同大陣仗，我希望可以簡單些少去界定。文化其實就係選擇，又或者係選擇之後表現出嚟嘅整體狀態。每一個人擁有嘅時間同資源都係有限嘅，所以我哋每一日每段時間每分鐘都可能要選擇。你選擇去遊行定去游水，選擇睇《龍珠》定係睇《龍虎門》、或者係龍虎……每一個選擇累積下來，就會成為一個人嘅文化習性同經驗。而將香港幾百萬人嘅呢啲習性同經驗連成整體去觀察，就係我呢位大叔講緊嘅：香港普及文化嘞。

好嘞，大叔開始講古啦喎。不過大家唔使太擔心，呢隻古唔係好長嘅啫，因為香港嘅普及文化現象，出現咗無非都祇係幾十年。喺我嘅短暫人生當中，就見證咗收音機普及嘅五、六十年代，電視當紅嘅七、八十年代，電影、廣東歌橫掃嘅八、九十年代，以及互聯網同手機主宰嘅千禧後。當中仲包含咗報章雜誌由上世紀紅到發紫到而家吊緊鹽水嘅生死輪迴 …… 我用媒體歷史嘅角度切入，除咗因為自己從事傳媒工作，更加因為媒體一直係大部份香港人生活當中嘅經常選擇，同時又影響香港人生活裡面嘅其它選擇。剛才講過，選擇、就延伸成為文化。

呢個唔係好長嘅古有幾個特點。首先，因為唔長，所以第一個特點就係短。幾十年嘅發展，同好多其他文化體系相比，的確只係年輕貌美，未夠內涵，又或者叫做觀音頭、掃把腳，整體絕對未曾去到夠深遠夠精緻嘅地步。

第二個特點就係，香港之能夠有獨特嘅普及文化，的確係一個奇蹟。過去幾十年，人口同資金嘅集中，成為咗市場發展嘅基礎；中西文化資訊嘅輸入，又提供咗大量思想嘅刺激。而最最重要嘅係，論到先進嘅傳媒製作同創作，亞洲除日本外的絕大部份地區，包括中國大陸、台灣、韓國、泰國等等，直到八十年代左右，仍因為種種原因，尚未認真起步。當年香港佔盡先機，所以出現咗傳媒盛世，無論電視、電影、歌曲，都輸出到全球華人區域，甚至全世界。所以我不能不說，呢個確實係天時地利人和夾埋嘅奇蹟，好類似傳說中嘅「龜兔賽跑」。

呢個奇蹟嘅發生，仲因為有好多普及文化工作者，佢哋唔單止照顧市場嘅需要，仲對自己有非比尋常的要求。呢度我舉幾個例子：粵劇方面嘅唐滌生先生啦、小說方面嘅金庸前輩啦、科技方面嘅高錕教授啦⋯⋯ 其實仲有好多好多，我只係舉一啲最重要同冇乜爭議性嘅例子，說明香港的確有奇人。佢哋比時代跑得快好多，並且自己有一套標準。而呢套標準，在在提醒我哋，就算市場大眾只係想要五分，佢哋自己都要做到十分滿分。而滿分嘅作品，係最有開創性、影響力同傳承價值嘅。

我話市場大眾想要五分，其實可能講多咗。之前提到，由於香港普及文化歷史短淺，其實一般人想要嘅，可能連五分都冇。而為咗迎合市場需要，好多媒體從業員，近年其實走緊愈來愈低分嘅方向。

但係當好多香港人今日仲喺度懷緊舊，挑戰已經可以話水浸眼眉。因為亞洲其他地區嘅文化產業已經紛紛起飛。單單講一個韓國，就係好明顯嘅例子。雖然佢哋仲周不時向我哋八十年代嘅《英雄本色》致敬，但係各種文化作品嘅質同量，已經明顯將我哋比下去。而傳送科技現今嘅高速，亦打破咗好多文化交流嘅圍牆。

簡單來說，今日香港嘅普及文化現況，已經變得非常混亂。我哋選擇嘅底蘊，受到真正嘅考驗。我只能夠寄望同相信，香港會繼續出現奇人異士，生產出開創性嘅、承先啟後嘅作品，堅持自己滿分嘅要求。我必須講，我不是憑空咁寄望同相信，因為我睇

到好多年輕人，仍然對自己同香港、有毫不妥協嘅愛。我希望你哋會克服種種限制、得到需要嘅幫助、去展現出你哋今時今日嘅視野。

至於市場大眾，亦即係我哋每一位，其實先至係決定香港普及文化未來走向嘅絕大多數。因為有人做到好嘢出來，都要大家識貨。我希望大家都首先承認，我哋嘅文化頂多只係發展咗兩三代人，我哋仲有大把嘢學。而為咗下一代甚至再下一代繼續承傳落去，我哋是否應該認真自我檢討一下，做出更成熟嘅個人取向。

要檢討嘅可能好多。我舉一啲比較顯著嘅例子。例如：我哋做一啲選擇決定時，係咪繼續習慣「西瓜買大邊」，即係睇著數、或者跟大隊？⋯⋯ 又例如：我哋係咪需要盲目跟隨偶像，佢哋做咩嘢講咩嘢都照單全收？⋯⋯ 我哋去判斷同選擇嘅果一套想法，有冇改善嘅地方？⋯⋯ 我哋係咪懶到連感覺同判斷都冇咗？⋯⋯ 新、係咪就一定好？⋯⋯ 好多好多 ⋯⋯ 可能會令我哋覺得茫無頭緒。但係，要求自己選擇得更好，就會令下一代有更好嘅選擇。我哋唔再小學雞，至可以希望我哋嘅子女唔好小學雞。

喺呢度，我想提醒大家，其實有幾個 friend，我哋好細個就識佢哋。只不過大個之後，我哋嫌佢哋老，將佢哋趕咗入老人院，一路冇再聯絡。我哋日常生活嘅選擇，有咩問題，其實可以 call 佢哋傾吓，應該會有幫助嘅。呢幾個 friend 叫做「真、善、美」。老係老咗啲，不過都值得大家試吓嘅。同佢哋傾完，雖然答案都係要自己辛辛苦苦去搵。

但係做唔到十分，希望大家都向住七、八分進發啦！做一個有責任感嘅香港人，真係唔易㗎⋯⋯

阿叔講古，就到此為止。我都覺得自己好老土。希望大家多多包涵。謝謝！

2019 年「香港人的音樂」座談會發言

附錄二 三番詞話 ／潘源良

（一）

我一直以為，已做到的事不用說，因為無須多講；未做到的，不要說，因為若做不成，講多無謂。所以我拍電影，便不寫影評、影話；寫歌詞，也不公開討論歌詞的文字。一切祇待別人靜觀（或聽）自得（或失）。然而，這種觀點最近改變了。是對現況的失望也好，是對未來的盼望也好，我到底說出了以下這些我本不願直言的，關於寫詞的主張和看法。當然，說到尾，這些都無非是一人之見而已。

×　　　　　　×　　　　　　×

天才第一。毅力第二。再沒有第三樣了。

×　　　　　　×　　　　　　×

毅力是自己跟自己搏鬥。不是要過唱片監製的關，不是要過紅歌星的關，也不是要過聽眾口味的關。要求最高的，祇有自己。

×　　　　　　×　　　　　　×

不是情歌太多，是好的情歌太少。
不是好的情歌太少，是領略這種歌的心靈更少。

×　　　　　　×　　　　　　×

曲與詞像一對戀人。填詞跟談戀愛沒有兩樣。當然，不能勉強。

有「言有盡而意無窮」，也有「意有盡而言無窮」。兩種都是好詞。

×　　　　　　　×　　　　　　　×

簡潔。簡潔。簡潔。

×　　　　　　　×　　　　　　　×

聚焦。要看得見，聽得明，感覺得到。朦朧美往往是懶惰的藉口。歌詞可以像飛機帶

聽者到達朦朧的美地，但若連飛機也是一片朦朧，也便同時扼殺了真正的朦朧之美。

×　　　　　　　×　　　　　　　×

遍尋視野。最簡單的歌也應有作者在歌中流露的視野吧！

×　　　　　　　×　　　　　　　×

沒有佳句，難有佳篇。但祇有佳句，卻潰不成篇，何其可惜！再可以改好一點吧⋯⋯

×　　　　　　　×　　　　　　　×

商業跟藝術也是可以結婚的。他們的孩子叫做「趣味」。

×　　　　　　　×　　　　　　　×

曲與詞像一對戀人。填詞跟談戀愛沒有兩樣。當中的樂趣與滋味，祇有真正試過的人

才暗自領略到。

4.8.87

（二）

曲與詞像一對戀人。填詞跟談戀愛沒有兩樣。困難不在如何開始，而是如何繼續。

×　　　　　　×　　　　　　×

歌詞寫成後請大聲跟音樂唱出，無須理會家庭成員的抗議。

甚麼地方你突然將聲浪收細，甚麼地方就需即時改寫。

×　　　　　　×　　　　　　×

看一個人總看他的眼睛。音樂也有眼睛。

×　　　　　　×　　　　　　×

一般的音樂的眼睛憑耳朵看到。

好的音樂的眼睛憑心靈看到。

×　　　　　　×　　　　　　×

不是好聽眾，難作好詞人。歌詞的第一個聽眾是自己。寫詞是左手跟右手角力。

×　　　　　　×　　　　　　×

讓「感動」成為自然出現的結果，而非目的。

「感動」像個聖誕老人。我們努力預備一切，做足功夫等他到達。他若來了，那將是個了不起的聖誕。他若不來，聖誕還是不錯，功夫不算白做。

請勿綁架聖誕老人！

×　　　　　　×　　　　　　×

是歌詞中的甚麼元素叫人感動呢？

古人說得好：深情與至誠。

兩樣在今天差不多要列入受保護罕有文物名單內的東西。

×　　　　　×　　　　　×

廣東歌真幸運，除了深情與至誠外，還有第三因素：曲與詞在音律上的脗合。

真是像戀人親吻一樣的「吻合」。哈！

×　　　　　×　　　　　×

作為聽眾，我們大部份都不過是以下兩類：極易被感動或極難被感動。為甚麼？

×　　　　　×　　　　　×

了解自己因何被感動（或不被感動），然後可以審視歌詞的視野。

像撥開了霧，看見方向一樣。

×　　　　　×　　　　　×

堆砌起來，務要聽者感動的歌詞，往往如霧。

×　　　　　×　　　　　×

天空真美麗。

×　　　　　×　　　　　×

「所有人世間最尊貴的，乃在於無可替換的剎那間的感動。」—— 芥川龍之介

曲與詞像一對戀人。填詞跟談戀愛沒有兩樣。平淡也是好，激烈也是好，嚴肅也是好，佻皮也是好，感動是存在的證據吧。

　　　　　　×　　　　　　　　　×　　　　　　　　　×

感動藏於情與理的和諧與衝突中。

甚麼是情！？甚麼是理！？

16.9.87

附錄三 關於二次創作 —— 2012 發言

今天我在這裡跟大家作這段簡短談話，先要簡介一下自己。我是一個創作人，主要作品是歌詞，也有從事歌曲旋律、電影劇本及導演等創作。我在上述領域內，已經在業界有接近 30 年左右的經驗。

我從 2003 年開始，也是香港作曲家及作詞家協會的理事，因此除了在業界活動，也有很多機會認識有關版權處理的細節。最近有關版權修訂條例及「二次創作」的討論，引起了社會上的一些爭議，我覺得自己有義務發表一下個人見解。

先說一下有關的背景。在進入 2000 年左右的時刻，數碼科技急速發展，許多原有的版權法規因此落後於時代。有關法例的修訂，涵蓋至數碼世界，是全球性的事情。世界知識產權組織推動立法，從 1999 年就已開始，香港政府在 2006 年開始諮詢，其實也算是追趕國際大勢的必然做法。我必須提醒大家，以當年的情勢看，立法是順理成章而爭議不多的。

本人一直支持版權保障，尤其在千變萬化的數碼電子世界，保障更要與時並進。故自

2006 年政府推出諮詢文件，就引入世界知識產權組織倡議的「向公眾傳播」之科技中立權利立法，本人一直是贊成及支持的。

但在有關法例最近即將進行二讀前，社會上有意見認為《2011 年版權（修訂）條例草案》中，有部份條文會窒礙「二次創作」。就此，我重新思考，發現的確需要有更多的討論及從不同的角度去考慮。

不錯，作品版權屬私有產權，使用版權作品，理應事先取得版權持有人的同意，此乃版權持有人之意願問題。而擅自取用版權作品，很可能導致版權擁有者的經濟損失。

可是，另一方面，除經濟角度外，個人覺得，立法前應加入文化考慮。 已出版的作品無疑是組成文化的一部份，亦是「二次創作」的原材料。

「二次創作」最近非常流行，主因當然是特首選舉時的醜聞挑起的。 由此而引起社會對上述法例帶來的爭議，甚或懷疑政府的立法動機，其實責任不在創作人。而「二次創作」亦不是起於今日的一班年輕網民。借古諷今本來就有；說得近一點，在 89 年的聖誕，我們最尊敬的流行文化創作之父黃霑先生，就曾對聖誕歌曲進行「二次創作」，用傳統聖詩，唱出了「慈祥鵬、過聖誕」…… 我不能想像霑叔會因此而被捕，因此，我也不認為現今的青少年應該因為「二次創作」而被政府檢控。

不過，從事版權工作的人會告訴你，法規的保護不足，他們的工作是不可能的。要一刀切豁免「二次創作」的版權責任，當中也有不少的灰色地帶。例如，香港的版權擁有者，有不少亦代理著外國作品的版權，「二次創作」若涉及外國的原創作品，就不單是本地追究責任這麼簡單。林林總總的可能性，不是一句豁免就能解決的。法例如何能適用於本地文化，而又能跟國際接軌，是一個大家必須正視的問題。現在政府單單由商務及經濟發展局推動立法，就可能是錯配。下任政府據說會設立文化局，理應參與商討。

為此，我希望社會各界，包括「二次創作」的支持者，都能從不同角度，有更深入及理性的討論，對任何形式的專家研究、海外借鑑及公眾諮詢，均持開放態度。我更盼望政府能在立法前，在版權業界、創作人、以致社會各界能獲得充分諮詢，達至合理共識。其實，有關「二次創作」的修例，只是整套法規的輕微部份，不必放大到對立或撕裂。

經過了上述有關我的個人態度的解說後，我現在聯署今次的大會聲明。因為，雖然立法規限與創作自由，兩者我都尊重；但若兩者出現輕微衝突，我一定會站在創作自由的一方。

公元 2000 年，余家強（左二）與潘源良（右一）同赴荷蘭拍攝歐國盃特輯。

余家強跋

我本業人物專訪，任職《壹週刊》訪問過潘源良，印象深刻卻在共赴荷蘭拍攝
歐洲國家盃前奏，潘做節目主持，我權充體育版（其實《壹週刊》哪有）隨團，
他很照顧團友。那是香港媒體的好日子，電視台花得起錢。晃眼廿載了。

二十年後，潘播遷台灣，打電話叫我合作寫書，我直覺以為他要立傳，他說
不是，為光音作證，才夠意思。聲光影畫，潘背負電台、電視、樂壇、導演
甚至足球評述員等閱歷，述往思來，為流行文化叩問出路，或者說，包括那
些好日子 —— 非貪公費旅遊，是經驗充實，終生受用，可憐新一代無緣見
識世面，內容農場 —— 可以找回好日子嗎？是本書撰述的目的。

但何必搵我？潘本身就高手。潘說：「我不擅長寫長文啦。」這我懂了，填詞惜墨如金，也的確是含金量（以每粒字稿費）最高的文體。而我記者出身，習慣刨根究底，恰恰負責詳細敍事。一個人容易淪入自說自話；對談形式，互相砥礪。由此展開我們每星期一次的台港 Zoom meeting，一次相當如書中一節的篇幅，不 Zoom 的時候各自準備、整理，近二十星期。潘像《禮記·學記》：「叩之以小者則小鳴，叩之以大者則大鳴。」如何碰撞出新火花呢？鞭策我做足功課，重拾訪問的價值和樂趣。然後我開始動筆，每寫一節 email 給潘，潘看完會忍不住加上按語。人性就如此，拋磚引玉。不妨說，每節我寫的正文主力交代時序背景，記錄潘發言，偶爾加插我觀點或補充，是磚；正文後潘自撰的按語方更私密，方是玉。得魚忘筌，讀者可跳著看。

蒙香港文學館鄧小樺小姐意氣相投，仗義出版。封面我慫恿潘題字，他書法早負盛名，墨寶落了款歸我所有，是我陰謀得逞也是我莫大榮耀。附錄：2019 年潘在《公民實踐論壇：香港人的聲音》的演講（堪視為本書濫觴）、潘八十年代應雜誌邀請仿《人間詞話》連載的〈三番詞話〉（三番者潘也）及二千年代針對二創版權問題的立場，供參考對照。

我曾長期主編娛樂雜誌，愈編愈心虛，覺得歌影視圈太多黑盒，並非指緋聞，乃成敗關鍵往往不清不楚，報導唯語焉不詳。潘源良示範，不單分享成功之

道，還坦然回顧導演和詞人生涯頓挫，舉一反三，使我這個「史官」茅塞頓開。才子自述，總愛吹噓一派不志在、機會由天降；潘向鄭國江請纓的故事卻務實告訴大家，機會靠爭取，人間世從來艱難，對後輩入行尤具啟發性。

工作過程漫漫，潘源良出奇守紀律，偶爾聽他說忙於買餸炒菜，對我和編輯小樺又熱誠交換意見，一一與傳說中的冷傲浪子形象相逕庭。風物長宜放眼量，換我二十年前寫他，輕率論斷而已。認識一個人，是持久戰。

第9節提及，怎麼當年沒聽過他做講波佬的苦衷？潘說：「當年我不會講，講了你也不明白。」對，光陰作證，讓不懂變懂。那篇人物專訪，至此真正完稿。

余家強　辛丑歲冬

上：當年雜誌製作認真，攝影用中底菲林，試光先拍寶麗萊來睇效果，獨一無二，潘儲起來，今天再回到我手，百感交集。

下：潘源良接受雜誌訪問，情歌詞人去做講波佬，所以攝影概念請他食波餅。那隻手是我的。那時我不瞭解。

為光音作證
—— 潘源良香港誌記

訪問、整理／ 余家強
責任編輯／ 鄧小樺
執行編輯／ 陸昒
設計及美術／ 石俊言
校對／ 安東尼、郭禧慧、黃柏熹、張亦晴
封面題字／ 潘源良

出版／ 香港文學館有限公司
香港新蒲崗大有街 33 號
佳力工業大廈 21 樓 01 室
hk.house.of.literature@gmail.com

印刷／ 雅聯印刷有限公司
香港柴灣利眾街 35-37 號
泗興工業大廈 1、2、3 及 8 字樓全層
penny@allionprinting.com

香港總經銷商
春華發行代理有限公司
香港九龍觀塘海濱道 171 號申新證券大廈 8 樓
852-2775 0388
admin@springsino.com.hk

台灣地區總經銷商
紅螞蟻圖書有限公司
台北市114內湖區舊宗路2段121巷19號
電話／ 02-27953656
傳真／ 02-27954100
red0511@ms51.hinet.net

版次／ 二〇二一年十二月

ISBN ／ 978-988-79889-7-7

建議售價／ 港幣 130 元、台幣 650 元
上架分類／ 香港、文學、流行文化